Erfolgs- und Mißerfolgsfaktoren von Unternehmungsgründungen in der Konsolidierungsphase

Antje Peters

Bibliografische Information der Deutschen Nationalbibliothek:

Die Deutsche Nationalbibliothek verzeichnet diese Publikation in der Deutschen Nationalbibliografie; detaillierte bibliografische Daten sind im Internet über http://dnb.d-nb.de abrufbar.

ISBN: 9783867463829
Dieses Buch ist auch als E-Book erhältlich.

Druck und Bindung: Books on Demand GmbH, Norderstedt Germany
Gedruckt auf säurefreiem Papier aus verantwortungsvollen Quellen

Das vorliegende Werk wurde sorgfältig erarbeitet. Dennoch übernehmen Autoren und Verlag für die Richtigkeit von Angaben, Hinweisen, Links und Ratschlägen sowie eventuelle Druckfehler keine Haftung.

Das Buch bei GRIN: https://www.grin.com/document/185492

Inhaltsverzeichnis

1. Vorwort

Kenntnis über Faktoren, die erfolgreiches unternehmerisches Handeln sichern oder Mißerfolge begünstigen, ist die Voraussetzung dafür, diese verstärkt einsetzen und nutzen und auch vermeiden und bekämpfen zu können. In der betriebswirtschaftlichen Forschung kommt dem Bereich der Erfolgsfaktoren daher besondere Bedeutung zu, in der Praxis werden deshalb häufig erfolgreiche Unternehmer befragt, womit der positive Entwicklungsverlauf ihrer Unternehmung begründet werden kann. Ziel ist es sowohl einen umfassenden theoretischen Erklärungsansatz für des Phänomen Erfolg zu finden als auch Ratschläge zur erfolgreichen Unternehmungsführung zu erhalten, um dadurch von den Erfahrungen anderer zu lernen und eigene Fehler zu vermeiden. Ein Patentrezept, das für jede Unternehmung Gültigkeit besitzt, erscheint jedoch nur in einer ersten Überlegung erstrebenswert und entsteht aus dem Wunsch nach Steuer- und Kontrollierbarkeit. Die bisherige Dauer und der Umfang der Forschungsarbeit auf diesem Gebiet sowie die daraus resultierenden Erkenntnisse verdeutlichen jedoch, daß es hauptsächlich darum geht, für eine Unternehmung spezifische erfolgsrelevante Faktoren zu identifizieren, entsprechend zu gestalten und dadurch nutzbringend für die Unternehmung einzusetzen. Insbesondere in der Gründungs- und Konsolidierungsphase ist die Auseinandersetzung mit kritischen Erfolgs- und Mißerfolgsfaktoren von großer Bedeutung, weil deren Auswirkungen in dieser Zeit oft überproportionales Ausmaß haben. Frühzeitig erkannte unternehmungsspezifische Faktoren, die den Erfolg positiv beeinflussen, können zu überdurchschnittlichen Gewinnen führen, wogegen nicht oder zu spät erkannte Mißerfolgsfaktoren in nur kurzer Zeit Insolvenz zur Folge haben können. Ziel dieser Arbeit ist es deshalb, in einem ersten Kapitel aufbauend auf theoretische Grundlagen der Betriebswirtschaftslehre, Managementanforderungen an Unternehmungsgründer herauszuarbeiten und das Management junger Unternehmungen, während der Gründung und Konsolidierung ganzheitlich darzustellen. Diese Betrachtungsweise gewählt wurde, weil die Möglichkeiten den Unternehmungserfolg durch professionelles Management zu beeinflussen in neugegründeten und jungen Unternehmungen vielfach unterschätzt wird. Doch gerade während der Gründung und Konsolidierung bilden neben operativen Aspekten auch normative und strategische Elemente des Management die Basis der weiteren Unternehmungsentwicklung. In einem zweiten Kapitel werden

Ergebnisse des PIMS-Programms zum Einfluß quantitativer Größen sowie Resultate der Untersuchung von Peters/Waterman zu Auswirkungen qualitativen Aspekte auf den Erfolg, vorgestellt. Ausgehend davon wird deren Gültig und Nutzbarkeit für neugegründete und junge Unternehmungen untersucht und eine Einordnung in die verschiedenen, zuvor beschriebenen Ebenen des Management vorgenommen, um alle relevanten Faktoren in einen ganzheitlichen Rahmen zu bringen. Vor dem Hintergrund, daß klassische Wissenschaften immer häufiger auf Grenzen bei der Erklärung ökonomischer Beziehungen treffen, werden in einem dritten Kapitel Ergebnisse der Chaosforschung aufgegriffen, da die dort verwendeten Lösungsansätze für das Verständnis komplexer, ökonomischer Zusammenhänge ebenfalls geeignet erscheinen. Dadurch soll auf mögliche Entwicklungen hingewiesen werden und zuvor genannte Faktoren zur Beeinflussung der Erfolges um die Notwendigkeit verschiedene Sichtweisen und neue Wege zu akzeptieren, ergänzt werden.

Grundsätzlich geht es darum die bisheriger Erkenntnisse der Erfolgsfaktorenforschung auf Jungunternehmungen zu übertragen und jungen Unternehmern sowohl theoretisches Wissen der Managementlehre näher zu bringen als auch zu dessen Übertragung auf praktische Probleme bei der Gründung und Konsolidierung ihrer Unternehmung beizutragen.

2. Themenstellung und Grundlagen zu deren Bearbeitung

2.1 Bedeutung von Unternehmungsgründungen für die Wirtschaft

Statistische Daten über Gründungen und insbesondere über Existenzgründungen sind in der Bundesrepublik Deutschland nur schwer zu finden.[1] Bislang liefert allein die Gewerbeanzeigenstatistiken Informationen zu diesem Thema. Wenn man unter Existenzgründung aber die Neugründung einer Unternehmung versteht, besitzt die Zahl der Gewerbeanmeldungen für das tatsächliche Existenzgründungsgeschehen praktisch keine Aussagekraft. Denn die tatsächliche Zahl der Neugründungen wird durch die Erfassung von Nebenerwerbs- und Erweiterungsgründungen, Übernahmen und Registermeldungen, die nicht zur Aufnahme der wirtschaftlichen Aktivität geführt haben, überzeichnet. Da aber auch nur diejenigen Unternehmungen erfaßt werden, die in eines der

---

[1] Vgl. Struck, J. Deutsche Ausgleichsbank (02/1999, S.5)

berücksichtigten Melderegister (Handelsregister, Handwerksrolle, Vereins- und Genossenschaftsregister) einzutragen sind, wird die Gründungsstatistik durch Nichtbeachtung der freien Berufe dagegen wieder unterzeichnet.[2] Aussagekräftige Daten, die die volkswirtschaftliche Relevanz der Unternehmungsneugründungen sowie die Wirkung wirtschaftspolitischer Maßnahmen auf deren Entwicklungsverlauf belegen, gibt es daher kaum. Experten schätzen, daß Jungunternehmer in den letzten zwölf Jahren über fünf Millionen Arbeitsplätze geschaffen haben.[3] Eine in (Bild 1) dargestellte Sonderauswertung der Statististik der sozialversicherungspflichtig Beschäftigten, gibt genauen Aufschluß über die, durch Gründung und Schließung von Betrieben entstandenen/verloren gegangenen Arbeitsplätze von 1990 bis 1994 über alle Wirtschaftsbereiche ohne Landwirtschaft, Gebietskörperschaften und Sozialversicherungen.

Zahl der Beschäftigten	Gründung		Schließung		Saldo	
	abs.	in %	abs.	in %	abs.	in %
1	395.700	16,1	-365.100	21,8	-494.300	-48,2
2 bis 9	821.500	33,4	-669.300	40,0	206.300	20,1
10 bis 19	292.900	11,9	-239.100	14,3	309.500	30,2
20 bis 49	317.100	12,9	-218.300	13,0	397.200	38,7
50 bis 99	177.700	7,2	-96.100	5,7	286.700	27,9
100 bis 499	278.400	11,3	-77.200	4,6	433.600	42,3
500 bis 999	77.200	3,1	-6.500	0,4	71.800	7,0
ab 1000	96.700	3,9	-2.000	0,1	-47.800	-4,7
Insgesamt	2.457.200	100	-1.673.200	100	1.026.300	100,0

Bild 1: Sonderauswertung des Instituts für Arbeitsmarkt- und Berufsforschung der Bundesanstalt für Arbeit, Nürnberg; Berechnungen des Instituts für Mittelstandsforschung, Bonn[4]

Sie verdeutlicht die Bedeutung von Unternehmungsgründungen für die Wirtschaft und bestätigt die weitverbreitete Meinung, daß nicht allein die großen Einheiten

---

[2] Vgl. Lagemann, B.; Löbbe, K. (1999, S.64-65)
[3] Vgl. Arnold, J. (1997, S.44)
[4] Vgl. Institut für Mittelstandsforschung: Clemens, R.; Günterberg, B.; Hauser, H.E. (07/1997), Beschäftigung und Unternehmensgröße

der modernen Wirtschaftssysteme die Entwicklung eines Landes oder einer Region vorantreiben, sondern gerade die Vielzahl der neugegründeten kleinen und mittleren Unternehmungen eine wichtige Säule für eine funktionierende Marktwirtschaft darstellen. Diese sind, verglichen mit Großunternehmungen besser in der Lage bestehende Arbeitsplätze zu sichern sowie neue Beschäftigungs- und Ausbildungskapazitäten zu schaffen.[5] Der Mittelwert dafür liegt bei 4,7 Arbeitsplätzen pro Neugründung, darf aber bei aller Vorsicht vor statistischen Daten weder überbewertet noch unterschätzt werden. Im Hinblick auf wirtschaftspolitische Maßnahmen belegen Untersuchungen positive Auswirkungen staatlicher Förderung auf den Entwicklungsverlauf von Jungunternehmungen. Für die Inanspruchnahme von Fördermaßnahmen ist ein klares Konzept, der sogenannte Businessplan unabdingbar. Seine Erstellung erfordert eine umfassende Gründungsvorbereitung und führt dadurch zu gut geplanten finanziell stabilen Gründungen. Die Aufgabequoten der Gründer nach sieben Jahren in Höhe von 50% führen allerdings eher zu der Annahme, daß Förderprogramme für Existenzgründer nur sehr geringe oder keine Wirkung zeigen. Sie ergeben sich bei Betrachtung aller in den Statistiken der Gewerbeanmeldungen erfaßten Gründungen. Eine differenzierte Betrachtung von Neugründungen zeigt im Gegensatz dazu eine Aufgabequote von 20% innerhalb der ersten sieben Jahre und eine weitere Einengung des Blickwinkels auf staatlich geförderte Existenzgründungen endet mit einer Aufgabequote von 10% nach sieben Jahren.[6] Diese Zahl erscheint durchaus annehmbar und belegt eindeutig die positive Wirkung von Fördermaßnahmen und die Bedeutung, die Unternehmungsgründungen von Seiten der Politik zugemessen wird. Denn neben der oben bereits angesprochen Fähigkeit Arbeitsplätze zu schaffen und zu sichern, bilden sie darüber hinaus die Basis des deutschen Mittelstandes. Wie aus (Bild 1) hervorgeht, wurden die meisten Arbeitsplätze sowohl absolut als auch per Saldo in Betrieben mit weniger als 500 Beschäftigten geschaffen. Da diese entsprechend der in (Bild 2) dargestellten Unternehmungsgrößenklassen zu den kleinen und mittleren Unternehmungen zählen, läßt sich aus den Ergebnissen ableiten, daß der Mittelstand Arbeitsplätze schafft. Mittelständische Unternehmungen beschäftigen 68% aller Arbeitnehmer, bilden 80% aller Lehrlinge aus, tätigen 45% aller Investitionen, erarbeiten 45% der Wirtschaftsleistung und erzielen 47% aller

---

[5] Vgl. Richter, H.-J. (1997, S.10)
[6] Vgl. Struck, J. (02/1999, S.10)

Umsätze.[7] Der Mittelstand ist somit unverzichtbarer Bestandteil des bundesdeutschen Wirtschaftsgefüges und hat besonders für die Aufrechterhaltung des intensiven Wettbewerbes große Bedeutung.

Unternehmensgröße	Zahl der Beschäftigten	Umsatz DM/Jahr
klein	1 bis 9	bis unter 1 Mill.
mittel	10 bis 499	1 bis 100 Mill.
groß	500 u. mehr	100 Mill. u. mehr

Bild 2: Unternehmungsgrößenklassen[8]

Um so bedenklicher ist es, daß der Anteil der Selbständigen an Erwerbstätigen deutlich zurückgegangen ist. Arbeiteten in den 60iger Jahren noch fast ein Viertel aller Erwerbstätigen auf eigene Rechnung, so ist es jetzt nur noch ein Zehntel.[9] Die Bundesregierung ruft aus diesem Grund verstärkt zur Entwicklung einer neuen Kultur der Selbständigkeit und zu mehr Gründermut auf, was sowohl zu Gründungsoffensiven der Wirtschaftsminister fast aller Länder mit neuen Förderprogrammen als auch zu einer Zunahme von Gründungslehrstühlen geführt hat. Insbesondere die Universitäten und Hochschulen können zukünftig einen entscheidenden Beitrag zur Herausbildung einer leistungsfähigen Unternehmerlandschaft und Förderung von Unternehmertalenten leisten, indem stärker auf unternehmerische Aktivität und Selbständigkeit orientiert wird und Managementanforderungen an Gründer sowie Maßnahmen zu deren Erfüllung klar herausgestellt werden[10] Diese unterscheiden sich von denen in Großunternehmungen zum Teil beachtlich und sind daher Gegenstand im folgenden Abschnitt.

---

[7] Vgl. Richter, H.-J. (Vortrag: Merkmale kleiner und mittelständischer Unternehmungen 16.04.1998, in: Vorl. Mittelstandsökonomie, unveröffentlichtes Skript)

[8] Vgl. Institut für Mittelstandsforschung: Clemens, R.; Günterberg, B.; Hauser, H.E. (07/1997), Mittelstand in der Europäischen Union

[9] Vgl. Richter, H.-J. (1997, S.10)

[10] Vgl. Richter, H.-J. (1997, S.10)

2.2 Managementanforderungen an Unternehmungsgründer[11]

Unternehmungsgründer, die hohe persönliche Risiken eingehen, um ein bestimmtes Ziel zu erreichen, hat es immer gegeben. Die Motive für derartiges Verhalten sind ungezählt und reichen von der Unzufriedenheit mit der derzeitigen persönlichen Lebenssituation über das Bestreben, eine technische Innovation umzusetzen oder Unabhängigkeit, Anerkennung und Macht zu erreichen bis zu dem einfachen Wunsch, Geld zu verdienen.[12] Oft beginnen sie ihr Vorhaben jedoch negativ spontan, das heißt unüberlegt, ohne Vorbereitung, von heute auf morgen und als übereilte Reaktion auf eine sich gerade jetzt bietende Chance. In der Folge müssen sie sich den Erfolg gegen alle Gefahren des Marktes und der Zeit erkämpfen, zusätzliche Hürden und Krisen überwinden und nicht nur Konkurrenten, sondern auch sich selbst besiegen. Die Gründung einer Unternehmung ist aber vielmehr als Reife- und Lernprozeß zu verstehen. Er vollzieht sich von einer zunächst noch offenen Situation des vagen Erkennens einer beruflichen Alternative in der Selbständigkeit über den ersten Impuls einer Gründungsidee bis hin zur verbindlichen Festlegung auf eine zu realisierende Gründungsalternative. Zahlreiche Untersuchungen haben die Bedeutung einer sorgfältigen Gründungsvorbereitung gezeigt und belegen, daß die Wahrscheinlichkeit einer erfolgreichen Gründung und langfristigen Existenz entschieden höher ist, wenn diese positiv spontan verläuft. Das heißt gut vorbereitet, aber trotzdem innerhalb eines relativ kurzen Zeitraumes von beispielsweise einem Jahr und als Reaktion auf eine Marktsituation mit nachhaltigen Erfolgschancen. Zur effektiven Vorbereitung gehört neben dem Sammeln von Informationen im Literaturstudium und im Kontakt mit anderen Gründern, Selbständigen, Banken, Kammern und Innungen sowie mit Technologie- und Gründerzentren, die Inanspruchnahme von Beratungen, die Teilnahme an Existenzgründungsseminaren und schließlich die Erarbeitung des sogenannten Businessplanes.[13] Die unternehmerischen Risiken können zwar trotzdem noch nicht völlig ausgeschlossen werden, der Gründer erkennt jedoch mit fortschreitender Information immer neue Aspekte, kann den Markt objektiv einschätzen, aus Fehlern anderer lernen, eine immer differenziertere

---

[11] Im Verlauf der Arbeit wird zur Vereinfachung ausschließlich von Gründern gesprochen. Dies schließt sowohl weibliche als auch männliche Unternehmungsgründer ein.

[12] Vgl. Kirst, U. (1996, S.11)

[13] Vgl. Hüfner, P.; May-Strobl, E.; Paulini, M. (1992, S.28)

Zielvorstellung formulieren und so die Risiken zumindest erheblich senken.[14] Die Ausprägung der Gestaltungs-, Handlungs- und sozialen Kompetenz beim Gründer wirkt sich bereits in dieser Phase der Unternehmungsentwicklung auf deren Verlauf aus.[15] Gestaltungskompetenz ist dabei die Fähigkeit zur eigenständigen Leistungserbringung. Es geht um das selbständige Suchen nach Aufgaben und kreativen Handlungsbereichen und umfaßt das Streben nach Effizienz und den Wunsch etwas besser, schneller zu machen. Das Resultat sind Innovation, die Wettbewerbsvorteile gegenüber der Konkurrenz erzielen und damit die Existenz jeder Unternehmung sichern.[16] Handlungskompetenz ist die Fähigkeit zur Selbstmotivation und zum unabhängigen Umsetzen der eigenen Ideen. Sie entsteht aus dem Wunsch Entscheidungs- und Handlungsfreiheit zu erreichen und die eigene Leistungsfähigkeit unter Beweis zu stellen.[17] Unter sozialer Kompetenz wird Kontakt-, Konflikt-, Team- und Kompromißfähigkeit subsumiert und allgemein die zwischenmenschliche Interaktionsfähigkeit verstanden.[18] Diese Kompetenzen sind bei jedem Gründer unterschiedlich ausgeprägt und bilden sich in einem Lernprozeß heraus. Sie werden durch externe sowie situative Faktoren beeinflußt und tragen dazu bei, den Anforderungen an das Management einer Unternehmungsgründung und -konsolidierung schneller zu entsprechen. Eigenen Stärken und Schwächen sind dabei ebenfalls bedeutsam, da diese mit denen der Unternehmung insgesamt gleichzusetzen sind und den Erfolg in erheblichen Maß mitbestimmen. Ihre genaue Kenntnis ermöglicht sie zu nutzen und auszubauen sowie zu umgehen und zu bekämpfen. Eigenschaften eines Gründers, wie zum Beispiel Alter, Geschlecht, Ausbildung, vorherige Tätigkeit, Berufs- und Führungserfahrung lassen sich objektiv beurteilen. Motive und Beweggründe, wie zum Beispiel das Leistungsmotiv, das Streben nach Unabhängigkeit, Anerkennung und Macht sowie charakterliche Merkmale, wie Risikobereitschaft, Zielstrebigkeit, Ausdauer, allgemeine sowie berufsbezogene Werte und Normen und die Einstellung zur Selbständigkeit werden dagegen subjektiv bewertet.[19] Besonders schwierig erweist sich die Einschätzung bestimmter Charaktermerkmale, die nicht eindeutig als positiv oder negativ angesehen werden

---

[14] Vgl. Kirschbaum, G. (1990, S.84)
[15] Vgl. Richter, H.-J. (1996, S.29)
[16] Vgl. Zahn, E. (1991, S.116)
[17] Vgl. Klandt, H. (1984, S.127)
[18] Vgl. Becker, F.G. (1994, S.209)
[19] Vgl. Sternberg, R.; Tamasy, C. (1999, S.264), Ripsas, S. (1997, S.184), Kemter, P.; Klose, H.-E.; McKenzie, G. (1999, S.205)

können. Ein Unternehmer sollte deshalb zwischen den in (Bild 3) dargestellten Extremen liegen, um erfolgreich zu sein. Aufbauend auf qualitative Unterschiede der Persönlichkeitsmerkmale werden Profile formuliert und Typologien abgeleitet und vier Unternehmertypen unterschieden, die den Anforderungen an das Management junger Unternehmungen auf verschiedene Weise gerecht werden. Der Organisator, mit rationalen, analytischen und organisatorischen Fähigkeiten. Der Pionier, dessen Stärken im dynamisch-schöpferischem Bereich liegen und der den typischen innovativen Unternehmer verkörpert. Der Allrounder, mit Eigenschaften der beiden bereits genannten, der vielseitig und universell begabt ist. Der Routinier, der dagegen keine ausgeprägten Schwächen oder Stärken zeigt.[20]

Extrem 1	Ideale Merkmale	Extrem 2
Traumtänzerei	Intuition	Mangel an Gespür
Ruhelosigkeit	Dynamik	Trägheit
Sprunghaftigkeit	Initiative	Passivität
Spekulationssucht	Risikofreude	Ängstlichkeit
Unüberlegtheit	Entscheidungsfreude	Zauderei
Blindes Heldentum	Mut	Zaghaftigkeit
Besessenheit	Motivation	Unlust
Verschwendung	Finanzielle Umsicht	Knauserei
Dickfelligkeit	Psychische Belastbarkeit	Streßanfälligkeit
Phantasterei	Kreativität	Ideenlosigkeit

Bild 3: Unternehmereigenschaften[21]

Besondere Anforderungen an Manager in Kleinunternehmungen ergeben sich in der Regel dadurch, daß die Führungsspitze nicht entsprechend der Führungsaufgaben austauschbar ist, sich diese aber zum Teil sehr wesentlich und rasch verändern. Verschiedene Entwicklungsphasen der Unternehmung werden in kurzer Zeit durchlaufen und Strategiebildung wird durch mangelnde Informationen und instrumentale Defizite behindert. In neu gegründeten, kleinen und mittleren Unternehmungen geht es deshalb nicht in erster Linie um die Perfektionierung der Planungs-, Entscheidungs-, Organisations- und Kontrollprozesse als umfassende Anforderung an das Management in großen Unternehmungen, sondern vielmehr um kritische Auseinandersetzung mit Daten

---

[20] Vgl. Fröhlich, E.; Pichler, J.H. (1988, S.98)
[21] Vgl. Pleitner, H. J. (1995, S.82)

der internen und externen Umwelt. Im Mittelpunkt steht ganz allgemein die Etablierung strategischen Bewußtseins, durch Aktivierung der Wahrnehmung, des Lernens und der Motivation in einem entsprechenden kulturellen Umfeld. Das zu Beginn unbewußte strategische Verhalten muß hin zu transparenter strategischer Führung entwickelt werden. Dieser Prozeß beginnt vorrangig bei der Person des Gründers selbst, umfaßt die Erkenntnis der Notwendigkeit persönlicher Weiterentwicklung durch Aneignung neuer Fähigkeiten und schließt die spezielle Ausgestaltung der Planung, Organisation und Kontrolle entsprechend der Erfordernisse des jeweiligen Entwicklungsstandes einer Jungunternehmung ein.[22] Nach vorbereitenden und vorwiegend geistigen Schritten auf dem Weg in die Selbständigkeit, besteht nach dem eigentlichen Unternehmungs-Startschuß dann die Hauptaufgabe aller Gründer in der Existenzsicherung. Zwei Drittel aller Jungunternehmer kämpfen während dieser Phase mit ernsthaften Problemen, die innerhalb der ersten sieben Jahre oft zur Aufgabe des Gesamtvorhabens führen.[23] Als hauptsächliche Ursachen für Insolvenzen sind die schlechte Zahlungsmoral der Kunden und daraus resultierende Forderungsausfälle, die hohen Lohn- und Lohnnebenkosten sowie der Eigenkapitalmangel und in der Folge Schwierigkeiten bei der Kapitalbeschaffung zu nennen. Dazu haben Standortnachteile, fehlende Akzeptanz der einheimischen Produkte, Unterbietung der Preise und unfaire Geschäftspraktiken sowie Mangel an qualifizierten Fachkräften und Unternehmungsberatern zusätzlich erfolgshemmende Wirkung. Zur Beseitigung dieser nachteiligen Einflüsse bedarf es einerseits verbesserter Rahmenbedingungen durch Überwindung der überzogenen Staatsbürokratie, Forcierung von Privatisierung und Deregulierung, Verringerung der Belastung mit Steuern und Abgaben, Übergang zu einer überschaubaren Basisförderung, Verbesserung des Zugangs zum Kapitalmarkt, Gewährleistung einer Tarifeinheit für einen längeren Zeitraum und Abbau von Marktzutrittschancen.[24] Andererseits spielt die Verbesserung des Management in neugegründeten Unternehmungen, durch ganzheitliche Betrachtungsweise der verschiedenen Managementebenen und ihre spezifische Ausgestaltung auf dem Weg zu Professionalität in kleinen, jungen Unternehmungen eine ganz entscheidende Rolle.[25] Neben bereits

---

[22] Vgl. Mugler, J. (1995, S.179-188)
[23] Vgl. Deutsche Ausgleichsbank (10/1998, S.1u.6)
[24] Vgl. Richter, H.-J. (1997, S.11)
[25] Vgl. Richter, H.-J. (1996, S.23)

genannten Gründen für Insolvenzen werden diese aber auch zu etwa 80 bis 90 Prozent im fehlerhaften, unbedarften Management gesehen. Die Möglichkeiten des Staates sind jedoch beschränkt und jeder Unternehmer muß die Schwierigkeiten des Marktes und des Wettbewerbes zur dauerhaften Sicherung seiner Unternehmung selbst überwinden. Die Erfassung der mitunter sehr komplexen Managementaufgaben sollte dabei für die verschiedenen Entwicklungsstufen einer Unternehmung erfolgen, weil erst diese Unterteilung ermöglicht, speziell auf praktisch nachvollziehbare Eigenheiten des Management in Jungunternehmungen einzugehen.

2.3 Ganzheitliche Betrachtung des Management in neugegründeten Unternehmungen

Der Geschäftsführer der Schweizer Steinberger Hotel AG, Bernd Bienck definiert für sich: „Ganzheitlich führen und ganzheitlich leben sind für mich eins, im Privatleben und im Beruf, ein ständiges Jonglieren mit fünf Bällen: mit meinem Körper und den Ressourcen der Unternehmung, mit meinen Gefühlen und den zwischenmenschlichen Beziehungen der Geschäftswelt, mit meinen Gedanken und den Führungssystemen des Betriebes; mit meinem Herzen und der Liebe zu und von meinen Mitarbeitern; und nicht zuletzt mit meinem Geist und dem schöpferischen Kraftfeld der Gesellschaft." Durch die Berücksichtigung phasenspezifischer Merkmale und Besonderheiten einer Unternehmung wird Ganzheitlichkeit unterstützt, es können signifikante Anforderungen an das Management abgeleitet und die folgerichtige Ausgestaltung seiner Dimensionen entsprechend des vorliegenden Entwicklungsstandes vorgenommen werden. Die in (Bild 4) dargestellte Gliederung des Management in eine normative, strategische sowie operative Ebene erscheint dazu sinnvoll, erfolgt aber ausschließlich aus funktionaler Sicht. Führungskräfte einer Unternehmung werden zugleich normative und strategische Probleme lösen und um deren operative Umsetzung bemüht sein, da erst die Rückkopplungsbeziehung zwischen den drei Managementdimensionen die Ausbildung strategischer Erfolgspositionen ermöglicht.[26] In den folgenden Abschnitten sollen diese näher beschrieben werden, wobei das hauptsächliche Interesse, neben der Schaffung einer

---

[26] Vgl. Bleicher, K. (1992, S.317-318)

theoretischen Grundlage, im Bezug auf die Gründung und Konsolidierung einer Unternehmung liegt.

2.3.1 Unternehmungsentwicklung

In einem dynamischen Umfeld unterliegen Unternehmungen einer ständigen Veränderung und Entwicklung. Sie ist zeitbezogen und beschreibt die Evolution eines ökonomischen, sozialen Systems im Spannungsfeld von Chancen und Risiken sowie Stärken und Schwächen der Um- und Inwelt und wird durch den Aufbau, die Pflege und Ausnutzung unternehmungsspezifischer Erfolgspotentiale, gefördert.

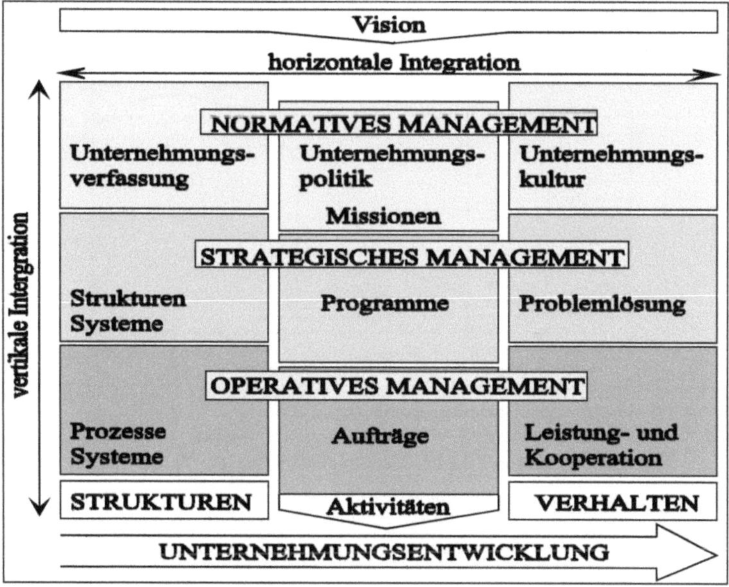

Bild 4:   Zusammenhang des normativen, strategischen und operativen Management[27]

Normative Erfolgspotentiale einer Unternehmung entstehen dabei durch den Ausgleich von Nutzenforderungen der Bezugsgruppen und werden deshalb auch als Nutzenpotentiale bezeichnet. Sie drücken sich durch den Grad autonomer

---

[27] Vgl. Bleicher, K. (1992, S.72 u.74)

strategischer und operativer Handlungen bezüglich der Befriedigung der Bezugsgruppen aus. Strategische Erfolgspotentiale dagegen werden über die Entwicklung von Kernfähigkeiten zur Erzielung eines Kundennutzens gebildet, spiegeln die Effektivität der Umsetzung normativer Missionen durch strategische Programme wieder und drücken sich in der Wettbewerbsposition der Unternehmung aus. Operative Erfolgspotentiale ergeben sich letztlich im effizienten Einsatz von Leistungs- und Finanzressourcen.[28] Die Unternehmungsentwicklung verläuft zum einen entsprechend des Lebenszyklusmodells einer Unternehmung, das unterschiedliche Verläufe aufweisen kann, aber generell recht ähnliche formale Strukturen aufweist. Im Rahmen dieser Arbeit werden die im (Bild 5) dargestellten Phasen der Gründung und Konsolidierung, des Wachstums, der Reife und der Wende unterschieden.

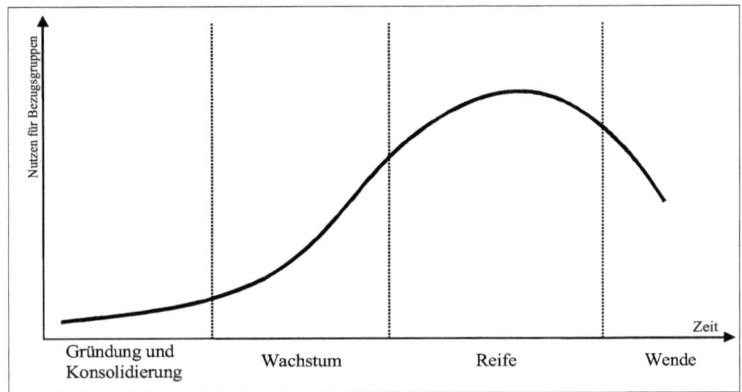

Bild 5: Phasen der Unternehmungsentwicklung[29]

Zum anderen kommt es darüber hinaus in den einzelnen Phasen ebenfalls zu Entwicklungsprozessen, die zeitlich versetzt vom normativen, strategischen sowie operativen Management und dem daraus resultierenden Spannungsverhältnis beeinflußt werden und eine entsprechende Gestaltung von Vor- und Rückkopplungsprozessen erfordern.[30] Bei einer kurzfristig opportunistisch ausgerichteten Unternehmungsentwicklung geht es um höchstmögliche Variabilität und Flexibilität sowie Sicherung der Handlungsfähigkeit durch kurzfristigen Ausweis von Erfolg und Liquidität. Vor- oder Rückkopplung zur

---

[28] Vgl. Bleicher, K. (1992, S.334-335)
[29] In Anlehnung an Pümpin, C.; Prange, J. (1991, S.135)
[30] Vgl. Bleicher, K. (1992, S.380-382)

langfristigen Sicherung der Überlebens- und Entwicklungsfähigkeit aber wird stark vernachlässigt. Im Rahmen der langfristig ausgerichteten Unternehmungsentwicklung wird an einmal entwickelten Konzepten festgehalten, ohne diese erneut zu hinterfragen und werden Veränderungstendenzen weitgehend nicht beachtet. Es gilt Vorkopplung statt Rückkopplung und Störungen, Mißerfolgen sowie Krisen wird ausschließlich operativ begegnet. Die Vorteile derart konsequenter Zielverfolgung sind jedoch, unter dem Aspekt der heute nötigen Anpassungsfähigkeit einer Unternehmung kritisch zu betrachten. Die variabel strategisch ausgerichtete Unternehmungsentwicklung stellt einen akzeptablen und empfehlenswerten Mittelweg gegenüber den zuvor genannten dar. Langfristige Bindung der Unternehmungsaktivitäten an einen periodisch zu korrigierenden Entwicklungskurs der Unternehmungspolitik und Anpassung an gefilterte strategische und operative Herausforderungen bilden den Mittelpunkt dieser Vorgehensweise, wobei das Hauptinteresse auf der Strukturierung von Filterfunktionen zwischen den einzelnen Dimensionen liegt. Zusätzlich wirken sogenannte ongoing Dilemmas auf die Unternehmungsentwicklung innerhalb der einzelnen Phasen. Sie stehen mit den in (Bild 4) genannten Aktivitäten und Strukturen sowie dem Verhalten in Zusammenhang und ergeben sich daraus, daß die im Zeitablauf aufgeworfenen Probleme nicht endgültig gelöst werden, sondern in gleicher oder ähnlicher Form wiederholt auftreten und mit Hilfe neuer Techniken auf neue Weise gelöst werden.[31] Markante Unterschiede zwischen den vier Phasen im Lebenszyklus bezüglich der Betriebsgröße, des Einflusses des unternehmerischen Elements sowie der Attraktivität der erschlossenen Nutzenpotentiale begründen völlig unterschiedliche Führungssituationen, so daß universell gültige Managementkonzepte den eindeutigen Nachteil mangelnder Differenzierung haben. Denn die Erfolgsfaktoren kleiner, junger Unternehmungen unterscheiden sich von denen großer, reifer Unternehmungen erheblich und nur firmenspezifische Unternehmungskonzepte für jede Phase im Unternehmungslebenszyklus können realen Nutzen erbringen. Da das Hauptaugenmerk dieser Arbeit auf neugegründeten und sehr jungen Unternehmungen liegt, werden deren allgemeine Merkmale und phasenspezifische Unternehmungsentwicklung im folgenden ausführlicher beschrieben.

---

[31] Vgl. Bleicher, K. (1992, S.383)

Jungunternehmungen sind zumeist von sehr kleiner bis mittlerer Größe, mit nur wenigen Mitarbeitern und entstehen zum überwiegenden Teil durch Neugründung, aber auch durch Übernahmen, wie zum Beispiel Erbung, Schenkung, Pacht / Miete / Franchising, Kauf durch eigenes Management oder durch fremdes Management, durch Beteiligung oder durch Kooperation. Welche Form die Beste ist, wird von einer Vielzahl Faktoren bestimmt, die innerhalb der Gründungsvorbereitung zu analysieren sind. Im allgemeinen werden mit der Übernahme einer bereits bestehenden Unternehmung folgende Vorteile verbunden: existenter Kundenstamm, vorhandene Organisationsstruktur, nutzbare Erfahrungswerte und spezifisches Know-how sowie sofortige Umsatzerzielung.[32] Nachteilig wirkt sich hierbei jedoch die starke Prägung kleiner und mittlerer Unternehmungen durch ihren Eigentümer aus. Mit dessen Wechsel gehen gravierende Änderungsprozesse einher, die weitreichendes Krisenpotential bergen und dazu beitragen, daß sich Übernahmen oft schwieriger als die Neugründung gestalten.[33] Im weiteren Verlauf der Arbeit werden speziell Neugründungen betrachtet, weil die Umstellung auf ein marktwirtschaftliches System in den neuen Bundesländern eine Welle von Existenzgründungen in Gang setzte, von denen drei Viertel echte Neuerrichtungen und lediglich 8% traditionelle Übernahmen waren.[34] Neben der oben bereits angesprochenen quantitativen Abgrenzung über die Größe und Mitarbeiterzahl, werden kleine und mittlere Unternehmungen vor allem durch qualitative Merkmale charakterisiert. Dazu gehören die begrenzte Planung und die große Bedeutung der Improvisation und Intuition, die zumeist ausschließlich extern durchgeführte Kontrolle, das nicht formalisierte Informationswesen und die sogenannte ad hoc Information, die flache Hierarchie mit wenig Bürokratie und folglich kurzen, direkten Kommunikationswegen, die Vereinigung aller Managementaufgaben in der Person des Gründers und dementsprechend personenbezogene Führung sowie das nicht greifen des Delegationsprinzips, da der Gründer zunächst alle wichtigen Aufgaben selbst erledigt. Zusätzlich zur begrenzten Betriebsgröße, die zwar bessere Überschaubarkeit sichert, aber mit eingeschränkten Ressourcen einhergeht, ist die zentrale Stellung des Unternehmers, durch die Kombination von Geschäftsführung und Kapitalbesitz eine ausschlaggebende Besonderheit

---

[32] Vgl. Hüfner, P.; May-Strobl, E.; Paulini, M. (1992, S.11)
[33] Vgl. Bundesministerium für Wirtschaft und Technologie (09/1998, S.23)
[34] Vgl. May-Strobl, E.; Paulini, M. (1994, S.21)

mittelständischer Unternehmungen.[35] Bei der Betrachtung der Entwicklung einer Jungunternehmung im Zeitablauf werden die in (Bild 6) dargestellten Phasen unterschieden. Die Gründungsphase beinhaltet vor allem vorbereitende und gründungskonkretisierende Aktivitäten, weil in der Umwelt zwar immer Chancen vorhanden sind, diese aber müssen aufgegriffen werden und zu einer Gründungshandlung stimulieren. Neben personenbezogenen Möglich- und Notwendigkeiten bilden umweltbezogene Opportunitäten und Restriktionen, fördernde und hemmende Faktoren für den Gründungsprozeß.[36] Ab einem bestimmten Zeitpunkt werden dann schon Ausgaben für das Vorhaben getätigt und der sogenannte Point of no Return, nach dessen Überschreiten es ohne Verluste kein Zurück mehr gibt, ist erreicht. Die Planung und Errichtung ist dadurch gekennzeichnet, daß trotz anfallender Kosten noch kein Umsatz entsteht und sollte deshalb möglichst wenig Zeit in Anspruch nehmen.

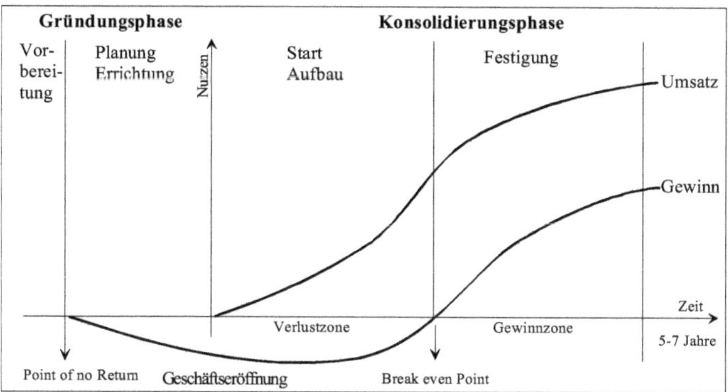

Bild 6: Entwicklungsphasen der Jungunternehmung

Insgesamt beinhaltet die Gründungsphase damit die umfassende Vorbereitung sowie Planung als Hauptaufgaben, die mit Hilfe der Instrumente des normativen und strategischen Management erfüllt werden können. Die Konsolidierungsphase beginnt mit Geschäftseröffnung und dem Einsetzen der Umsatztätigkeit, wobei der Break even Point, mit gleichem Umsatz wie Kosten, jedoch erst nach der Start- und Aufbauphase erreicht wird. Gründungsfestigende Aktivitäten während der Konsolidierungsphase sollten sehr schnell nach dem Aufbau einsetzen. In

---

[35] Vgl. Richter H.-J. (Vortrag: Merkmale kleiner und mittelständischer Unternehmungen 16.04.1998, in: Vorl. Mittelstandsökonomie, unveröffentlichtes Skript)
[36] Vgl. Frank, H.; Korunka, Ch.; Lueger, M. (1999, S.257)

dieser Phase kommen überwiegend Komponenten des operativen Management zur Anwendung.

2.3.1 Normatives Management

Die Ebene des normativen Management hat begründenden Charakter und ist darauf gerichtet, Nutzen für ihre Bezugsgruppen zu stiften und so die Lebens- und Entwicklungsfähigkeit der Unternehmung zu sichern. Zu den Gestaltungsbereichen zählen die Unternehmungspolitik, mit der Unternehmungsverfassung und -kultur sowie die unternehmerische Vision und daraus abgeleitete Missionen.[37] Die Unternehmungspolitik als die Gesamtheit aller Probleme mit denen sich die Unternehmungsführung planend, entscheiden, anordnend und kontrollierend zu befassen hat, wird einerseits von einem harten Gestaltungsaspekt in Form der Unternehmungsverfassung getragen. Diese gliedert sich in die Unternehmungsverfassung im engeren Sinn, die eine interne formale Machtverteilung zwischen den verfassungskonstituierenden Interessen darstellt und die Unternehmungsverfassung im weiteren Sinn, die ergänzende, extern ansetzende Regelungen zum Schutz von verfassungsrelevanten Interessen umfaßt. Die Unternehmungsverfassung ergibt sich somit aus gesetzlichen Reglungen, wie zum Beispiel dem Gesellschafts-, Arbeits- und Mitbestimmungsrecht, dem Wettbewerbs-, Kapitalmarkt- und Verbraucherschutzrecht, aus kollektivvertraglichen Vereinbarungen wie Firmentarifverträgen und Betriebsvereinbarungen sowie privatautonomen Rechtsetzungen, wie dem Gesellschaftsvertrag, der Satzung, den Geschäftsordnungen oder Unternehmensverträgen.[38] Andererseits wird die Unternehmungspolitik ganz entscheidend von einem weichen Entwicklungsaspekt in Form der Unternehmungskultur geprägt. Sie beinhaltet folgende Kernelemente:[39]

1. Die Unternehmungskultur ist ein implizites Phänomen. Sie prägt das Selbstverständnis und die Eigendefinition der Unternehmung.
2. Die Unternehmungskultur ist ein kollektives Phänomen. Sie bezieht sich auf gemeinsame Orientierungen, Überzeugungen und Werte, prägt so das Handeln

---

[37] Vgl. Pümpin, C.; Prange, J. (1991, S.16)
[38] Vgl. Gerum, E. (1992, Sp.2480-2481)
[39] Vgl. Schreyögg, G. (1992, Sp.1526)

des einzelnen Mitgliedes und macht infolgedessen organisatorisches Handeln zu einem gewissen Grad einheitlich und kohärent.

3. Die Unternehmungskultur ist das Ergebnis eines indirekten Lernprozesses im Umgang mit der internen und externen Umwelt. Intern gibt es eine Reihe von Mechanismen, die ein neues Mitglied lehren, im Sinne der kulturellen Tradition zu handeln. Extern erweisen sich bestimmte Handlungsweisen als besonders erfolgreich und entwickeln sich zu selbstverständlichen Voraussetzungen organisatorischen Handelns.

4. Die Unternehmungskultur repräsentiert die konzeptionelle Welt der Unternehmungsmitglieder und vermittelt Sinn und Orientierung in einer komplexen Welt, indem sie ein gemeinsames Programm von Interpretations- und Handlungsmustern liefert.

Weiterhin ist es Aufgabe der Unternehmungspolitik die Vision des Unternehmers, als klares Zukunftsbild - nahe genug der Realisierbarkeit, aber schon fern genug, um Begeisterung zu erwecken - darzustellen und aktiv vorzuleben, unternehmungspolitische Missionen, das heißt Vorgaben für das strategische und operative Management zu entwickeln und dadurch dafür zu sorgen, daß alle Mitarbeiter gemeinsam an einem Strang, in die selbe Richtung ziehen.[40] Die Besonderheit der ersten Phase einer Unternehmung, der Gründungs- und Konsolidierungsphase besteht dabei darin, daß sie zu einem Zeitpunkt beginnt, zu dem die eigentliche Gründung noch nicht stattgefunden hat. Gerade in dieser Periode aber dient das normative Management der Schaffung einer Handlungsanweisung und darf in seiner Bedeutung nicht unterschätzt werden. Im folgenden Abschnitt soll deshalb seine spezielle Ausgestaltung in jungen Unternehmungen dargelegt werden.

Die Einteilung des normativen Management in die Gestaltungsbereiche Unternehmungsverfassung und -kultur sowie in das Element der Visionen bleibt auch in Jungunternehmungen erhalten, erfährt jedoch unterschiedliche Schwerpunktsetzung. In dem Glauben derartige Konstrukte gar nicht anwenden zu müssen und häufig auch in Ermangelung juristischer Kenntnisse wird diesem Aspekt in vielen Jungunternehmungen zu wenig Bedeutung beigemessen, wodurch in der Folge beispielsweise die gewählte Rechtsform oft nicht den Erfordernissen entspricht und sich steuerliche wie vermögensrechtliche Nachteile

---

[40] Vgl. Bleicher, K. (1992, S.83-84)

ergeben. Es empfiehlt sich deshalb diesem Gesichtspunkt von Anfang an die nötige Aufmerksamkeit zu schenken, indem die in diesem Stadium der Unternehmung erforderlichen Elemente entsprechende Ausgestaltung finden. Das heißt, die Unternehmungsverfassung muß im Hinblick auf bereits jetzt vorhandene Interessengruppen mit hinreichenden rechtlichen Regelungen zur Steuerung des Verhaltens der Unternehmung ausgefüllt werden. Für Jungunternehmungen bedeutet dies im allgemeinen sowohl die Auseinandersetzung mit Verbraucher-, Arbeitnehmerschutz- und Marktgesetzen sowie mit der Eignung der verschiedenen Rechtsformen als auch die eindeutige Klärung der Machtverhältnisse durch entsprechende Gestaltung der Gesellschafter-, Arbeits-, Miet-, Pacht- und Kreditverträge sowie der Mitbestimmungsrechte. Diesen Rechten und Pflichten des Unternehmungsgründers oder Gründerteams wird viel zu selten entsprochen. Über Verbraucher- oder Arbeitnehmerschutz wird erst mit Eintreten eines entsprechenden Vorfalls nachgedacht und Machtverhältnisse werden in jungen, neugegründeten Unternehmungen eher per Handschlag und mit Bezugnahme auf die jahrelange Freundschaft geregelt. Erfahrene und vor allem unabhängige Persönlichkeiten und Berater sind indessen viel eher in der Lage, Gefahren rechtzeitig zu erkennen und notwendige Korrekturmaßnahmen einzuleiten. Auch die Bedeutung der Unternehmungskultur in Jungunternehmungen wird vielfach unterschätzt. Es wird hiermit eine Verhaltensdimension angesprochen, bei deren Entstehung der Unternehmungsspitze eine außergewöhnlich prägende Rolle zu kommt, da der Gründer mit seinen Visionen, Werten und Normen die grundlegende Kultur der Unternehmung festlegt.[41] Nicht selten werden gerade Visionen dieser Startkultur dann über Jahre weitergetragen, weil sie der Unternehmung die generelle Richtung weisen und auf die Zukunft bezogen sind. In Zeiten der Konfusion und ständigen Problembekämpfung während der Gründung und Konsolidierung sorgen sie indessen für Klarheit, bieten einen Orientierungspunkt und tragen zur Vermeidung ineffizienter Kurswechsel bei. Die Fähigkeit Visionen zu entwickeln zeichnet deshalb erfolgreiche Jungunternehmer aus, wobei dies oft auf dem pragmatischen Weg der aufmerksamen Beobachtung von Trends erfolgt. Die Ausformulierung der Gründungsvision erfordert keine

---

[41] Vgl. Bleicher, K. (1992, S.156)

detaillierten Ausführungen, sollte jedoch in knapper Form schriftlich festgehalten werden, wie die folgenden Beispiele zeigen.[42]

1. „Unser Ziel ist es, die Nummer eins zu sein und zu bleiben."
2. „Wir wollen in unserem Markt weltweit die Besten sein."
3. „Marktführer - sonst nichts."
4. „Von Anfang an war das erklärte Ziel Marktführer zu werden."
5. „Wir streben Marktführerschaft an. Das Ziel: Beste Qualität zu wettbewerbsfähigen Preisen."
6. „Bei den 30 Top-Unternehmen in der Welt Lieferant sein."

Diese groben Vorstellungen und Ziele bilden den Ausgangspunkt für die Ebene des strategischen Management und werden dort erneut aufgegriffen und konkretisiert.

2.3.2 Strategisches Management

Die Ebene des strategischen Management hat ausrichtenden, leitenden Charakter und dient, ausgehend von den Missionen des normativen Management, der Ableitung konkreter Programme/Strategien. Dieser Prozeß wird durch die Auslegung und Gestaltung von Organisationsstrukturen und Managementsystemen sowie durch das strategisch ausgerichtete Problemlösungsverhalten aller Mitarbeiter unterstützt und dient sowohl dem Aufbau zukünftiger als auch der Pflege und Ausnutzung vorhandener Erfolgspositionen, um die Unternehmung dadurch in der ökonomischen, politischen, soziokulturellen, ökologischen und technologischen Umwelt optimal zu positionieren, ihre Verwundbarkeit durch überraschende, diskontinuierliche Umweltveränderungen zu minimieren und auf diese Weise ihre Wettbewerbsfähigkeit langfristig zu sichern.[43] Kernelement ist dabei die strategische Planung, die sich im Gegensatz zur Langfristplanung nicht auf die Extrapolation vergangener Unternehmungsdaten beschränkt, sondern der Dynamisierung der Wirtschaft und der daraus resultierenden Unordnung und Unsicherheit in vielen Bereichen mit der Antizipation zukünftiger Ereignisse begegnet. Die Strategiefindung bildet den Mittelpunkt der strategischen Planung und erfolgt unter Berücksichtigung unternehmungsspezifischer Stärken und

---

[42] Vgl. Simon, H. (1996, S.4)
[43] Vgl. Pümpin, C.; Prange, J. (1991, S.19)

Schwächen sowie umweltbezogener Chancen und Risiken.[44] Programme/Strategien werden dabei in Unternehmungsgesamt-, Geschäftsbereichs- oder Wettbewerbs- und Funktionsbereichsstrategien unterschieden und wie folgt typologisiert.[45] Unternehmungsgesamtstrategien dienen der Festlegung der Entwicklungsrichtung (Wachstum, Stabilisierung oder Schrumpfung) und des Marktverhaltens (Angriff, Verteidigung) der Unternehmung sowie der Auswahl der herzustellenden/anzubietenden Produkte/Dienstleistungen und der zu bearbeitenden Märkte (Marktdurchdringung: Ausschöpfung des Marktpotentials vorhandener Produkte in bestehenden Märkten, Marktentwicklung: Schaffung neuer Märkte für gegenwärtige Produkte, Produktentwicklung: Schaffung neuer Produkte für gegenwärtige Märkte und Diversifikation: Ausrichtung der Unternehmungsaktivitäten auf neue Produkte für neue Märkte).[46] Geschäftsbereichs- oder auch Wettbewerbsstrategien bestimmen das grundlegende Verhalten der Unternehmung im Wettbewerb mit anderen Konkurrenten und untergliedern sich in die Kostenführerschafts-, Differenzierungs- und Konzentrationsstrategie.[47] Dabei erlaubt die Kostenführerschaft, die Produkte/Dienstleistungen zu niedrigeren Preisen als die Mitwettbewerber anzubieten, da sie mit geringeren Kosten hergestellt werden. Mit der Differenzierung werden aufgrund höherer Qualität der Produkte/Dienstleistungen gegenüber der Konkurrenz höhere Preise erzielt. Konzentration ermöglicht schließlich überdurchschnittliche Umsatzraten durch die Bearbeitung eines kleinen, speziellen Marktsegments, der sogenannten Nische im Gegensatz zur Bedienung des Gesamtmarktes. Die Funktionsbereichsstrategien beziehen sich auf die Ausgestaltung der Aktivitäten im Bereich der Forschung und Entwicklung, der Beschaffung von Finanz- und Investitionsmitteln, Personal, Material sowie Maschinen und Anlagen, der Produktion und des Absatzes. Organisationsstrukturen bilden die zur Umsetzung von Strategien notwendigen Regelsysteme, dienen damit der Ausrichtung des Verhaltens aller Mitarbeiter einer Unternehmung auf ein übergeordnetes Gesamtziel und sind generell durch die Bemühungen gekennzeichnet im Spannungsfeld organisatorischer Effektivität

---

[44] Vgl. Zahn, E. (1989, Sp.1904)
[45] Vgl. Richter H.-J. (Vortrag: Strategische Planung WS 1998/99, in: Vorl.: Planung und Kontrolle, unveröffentlichtes Skript)
[46] Vgl. dazu ausführlich Ansoff, H.I. (1966, S.13ff)
[47] Vgl. dazu ausführlich Porter, M.E., Wettbewerbsstrategie, 1999

und Effizienz, einerseits die dauerhafte Stabilisierung der Mitarbeiteraktivitäten und andererseits die notwendige Flexibilität der Unternehmung zu gewährleisten.[48] Die damit erreichbare hierarchische Gliederung der Unternehmungsstruktur in Organisationseinheiten heißt Aufbauorganisation, die folgende Grundformen annehmen kann: Einlinien-, Mehrlinien-, Stablinien-, Sparten- und Matrixorganisation. Eine Klärung der Beziehung von Strategie und Struktur hat für die Theorie und auch die Praxis Relevanz, da die Anpassung beider den fortwährend geplanten Wandel der Unternehmung impliziert und in ihrer Durchführung den Erfolg der Unternehmung erheblich beeinflußt. Ob Strategieänderungen den Strukturänderungen folgen oder umgekehrt und ob sie zeitgleich oder alternierend ablaufen, wird in der Wissenschaft seit Anfang der 60er Jahre umfassend und äußerst kontrovers diskutiert. In der Realität zeigt sich, daß der zu berücksichtigende Zusammenhang von Strategie und Struktur immer auch im Licht rationaler Argumentation und individueller Interessen der Entscheidungsträger gesehen werden muß.[49] Versuche, den Begriff Führungs- oder Managementkonzept mit Inhalt zu versehen, sind ebenso zahlreich wie divergent, was zu einer Vielzahl von Führungslehren, -prinzipien, -systemen, -grundsätzen und -techniken geführt hat. Der Ordnungsversuch dieser zahlreichen Konstruktionen, entsprechend charakteristischer Merkmale ergibt eine Einteilung in Führungskonzepte und -modelle, mit der Gemeinsamkeit ein normatives System von Handlungsempfehlungen für den Manager mit Personalverantwortung darzustellen.[50] Zu den Führungskonzepten zählen zum Beispiel die Management by Techniken (Management by Delegation, Exzeption, Koordination, System, Kommunikation, Kontrolle, Motivation, Planung und Organisation), die jedoch jeweils nur einzelne Teilaspekte des Management betrachten und lediglich der Erleichterung der Führungstätigkeit dienen, aber nicht im einzelnen als Garant für nachhaltigen Erfolg angesehen werden können. Zu den umfassenden Modellen für die Gestaltung des Führungsprozesses in der Unternehmung zählen das Harzburger Modell und das Management by Objektives, die demgegenüber aus einem Führungs- und einem Handlungskonzept bestehen. Die Fähigkeit einer Unternehmung, durch attraktive Konstellationen in der Umwelt, im Markt oder in der Unternehmung selbst langfristig überdurchschnittliche Ergebnisse zu erzielen,

---

[48] Vgl. Frese, E. (1992, Sp.1670-1671)
[49] Vgl. Müller-Stewens, G. (1992, Sp.2345 u.2354)
[50] Vgl. Steinle, C. (1987, Sp.577)

wird als strategische Erfolgsposition bezeichnet und ist die Voraussetzung dafür, Nutzenpotentiale dieser besonderen Konstellationen überhaupt zu erkennen.[51] Sie bilden einen Eckpfeiler des Dynamik – Prinzips und sind nachfolgend beispielhaft im (Bild7) dargestellt.[52]

Externe Nutzenpotentiale	Interne Nutzenpotentiale
Beschaffungspotential	Immobilienpotential
Humanpotential	Humanpotential
Finanzpotential	Kostensenkungspotential
Imagepotential	Standortpotential
Marktpotential	Synergiepotential
Kooperationspotential	Know-How-Potential
Übernahme- und Restrukturierungspotential	Organisatorisches Potential

Bild 7: Übersicht über mögliche Nutzenpotentiale[53]

Ähnlich dem normativen fällt auch das strategische Management der Jungunternehmung in die Zeit vor der Gründung und ist Teil der notwendigen Vorbereitung. Daraus ergibt sich auch hier eine ganz eigenständige Ausgestaltung. Das Kernelement des strategischen Management, die strategische Planung ist in Jungunternehmungen, ähnlich wie die Visionen des normativen Management neugegründeter Unternehmungen, nicht Resultat eines vielstufigen Prozesses. Die Intuition eines Gründers bei der Suche nach Geschäftsmöglichkeiten spielt in diesem Zusammenhang eine wesentliche Rolle, sollte aber durch gründliche Markt- und Konkurrenzanalysen ergänzt und im sogenannten Businessplan schriftlich festgehalten werden. Er enthält die Strategie des Jungunternehmers und beinhaltet die allgemeine Vorhabensbeschreibung und Gründungsidee, Angaben zur Beschaffung von Finanzmitteln in einer Finanzplanung mit Finanzbedarfs- und Finanzbedarfsdeckungsrechnung, Erläuterungen zum Standort sowie zu Produkt oder Dienstleistung mit eindeutiger Betonung besonderer Vorteile und zusätzlichen Nutzens, die Markt-, Konkurrenz- und Rentabilitätsanalyse, die Marketingkonzeption mit den Elementen der Preis-, Produkt-, Distributions- und Kommunikationspolitik, Aussagen zur Inanspruchnahme externer Beratungs- und Kontrolleistung und letztlich persönliche Daten des Gründers bezüglich seiner fachlichen und kaufmännischen

---

[51] Vgl. Pümpin, C. (1992, S.28-29)
[52] Vgl. dazu ausführlich Pümpin, C., Dynamik-Prinzip, 1990
[53] Vgl. Pümpin, C. (1992, S.20)

Qualifikation beziehungsweise Maßnahmen zu deren Erlangung. Die Erstellung eines Unternehmungskonzeptes oder Businessplanes hilft dem potentiellen Gründer die Entwicklungsmöglichkeiten seiner Unternehmung für die nächsten drei Jahre nochmals sorgfältig zu überdenken, Schlüsselgrößen für den Erfolg oder Mißerfolg zu analysieren und die Entscheidung für oder gegen die Gründung als Ergebnis der Vorbereitungs- und Planungsphase zu treffen.[54] Besondere Bedeutung kommt dem finanziellen Bereich zu und ergibt sich aus der meist sehr geringen Eigenkapitaldecke der Jungunternehmung und der daraus folgenden Notwendigkeit, die Gründung überwiegend mit dem Fremdkapital der Banken, Venture Capital Geber und Förderinstitutionen zu finanzieren. Bei der Beantragung derartiger Gelder spielt ein schlüssiger und überzeugender Businessplan eine nicht unbedeutende Rolle, wobei Finanzplan sowie Rentabilitätsvorschau letztlich ausschlaggebend für die Bewilligung oder Ablehnung des Antrages sind. Die schwache Kapitalausstattung und somit auch Ressourcenknappheit bewirkt weiterhin, daß Jungunternehmungen eher Marktnischen bedienen und starken Wettbewerbern nach Möglichkeit aus dem Weg gehen. Oberstes Ziel ist es, strategische Erfolgspositionen durch einzigartige Vorteile und besonderen Nutzen für die Kunden in Bereichen der Technologie, der Produktmerkmale, der Qualität, des Designs, des Kunden- und Lieferservices oder des Vertriebsweges aufzubauen.[55] Für Jungunternehmungen im Wettbewerb mit anderen Konkurrenten erweist sich deshalb in der Regel die Strategie der Differenzierung und Konzentration als erfolgsfördernd. Funktionsbereichs- und Gesamtunternehmungsstrategien erübrigen sich, da meist nur ein Produkt oder eine Dienstleistung auf einem Markt oder Marktsegment angeboten wird und die Koordination verschiedener Strategien entfällt. Bezüglich der Organisationsstrukturen, Managementprozesse und -systeme gilt in dieser Phase der Grundsatz: So wenig wie möglich, so viel wie nötig. Im Rahmen des operativen Management, das Gegenstand des folgenden Abschnitts ist, erfolgt letztlich die Operationalisierung der strategischen Ziele als Voraussetzung für deren Realisierung.

---

[54] Vgl. Pümpin, C.; Prange, J. (1991, S.146)
[55] Vgl. Pümpin, C.; Prange, J. (1991, S.144)

2.3.3 Operatives Management

Die Ebene des operativen Management hat vollziehenden, realisierenden Charakter und dient der Durchführung der Programme des strategischen Management, indem, unter Beachtung situativer Rahmenbedingungen des Tagesgeschäfts, konkrete Einzelhandlungen in Form von Aufträgen abgeleitet und umgesetzt werden. Operatives Management umfaßt insbesondere die technische Steuerung und ablauforganisatorische Regelung der leistungs-, finanz- und informationswirtschaftlichen Prozesse in der Unternehmung, die entscheidend vom unmittelbaren Vorgesetzten-Mitarbeiter-Verhältnis und dem horizontalen Kooperationsverhalten zwischen den verschiedenen Organisationseinheiten beeinflußt wird.[56] Der Ablauf relevanter Geschäftsvorgänge wird mit Hilfe von Vorschriften, Handbüchern, Ablaufplänen sowie Organisations- und Arbeitsanweisungen geregelt. Das Verhältnis zwischen Vorgesetztem und Mitarbeiter findet im vorherrschenden Führungsstil seinen Ausdruck, wobei darunter ein langfristig relativ stabiles Verhaltensmuster des Führers zu verstehen ist. Empirische Untersuchungen belegen die Existenz des patriarchalischen, charismatischen, autokratischen, bürokratischen und kooperativen Führungsstils.[57] Bei Anwendung eines patriarchalischen Führungsstils gibt es eine einzige Führungsinstanz, die absolute Autorität und unbefragte Anerkennung genießt, der Pflicht zur Treue und Fürsorge gegenüber den Geführten nachkommen muß und als Gegenleistung ebenfalls Treue und Gehorsam erwartet. Beim charismatischen Führungsstil begründet der Führer seinen Herrschaftsanspruch auf einmalige Persönlichkeitsmerkmale und bezieht seinen Erfolg vor allem aus dem persönlichen Auftritt. Beim autokratischen Führungsstil bedient sich der Führer zur Ausübung seiner Herrschaft einer umfangreichen Organisationsstruktur (Hierarchie) und es besteht kein unmittelbarer Kontakt zu den Geführten. Diese Form ist eher in großen Organisationen (Staat, Herr, Großunternehmungen) anzutreffen. Beim bürokratischen Führungsstil bildet die extreme Form der Strukturierung und Reglementierung organisatorischen Verhaltens, im Zuge der völligen Entpersonalisierung der Führung den Herrschaftsanspruch. Sie wird als legale Herrschaft von den Geführten akzeptiert. Beim kooperativen Führungsstil ist die Partizipation der Geführten am Entscheidungsfindungsprozeß zur

---

[56] Vgl. Pümpin, C.; Prange, J. (1991, S.19-20)
[57] Vgl. Staehle, W.H.; Sydow, J. (1987, Sp.662-664 u.670)

Förderung der Akzeptanz von Entscheidungen das Hauptziel. Es sind strukturelle Veränderungen und letztlich der Abbau hierarchischer Machtstrukturen notwendig.

Operatives Management in Jungunternehmungen unterscheidet sich zu dem bisher gesagten im Ausmaß und beginnt in der Zeit nach der Unternehmungsgründung, der sogenannten Festigung und Stabilisierung. Es ist der Bereich, mit dem sich Gründer hauptsächlich beschäftigen. Im Vergleich zu allen anderen Phasen befaßt sich der Unternehmungsgründer unter dem Druck immer neuer kurzfristiger Forderungen gerade in der Konsolidierungsphase sehr intensiv mit Fragen des operativen Management. Dabei geht es weniger um die Erschaffung von Vorschriften, Handbüchern, Ablaufplänen sowie Organisations- und Arbeitsanweisungen als vielmehr um die Bewältigung des relevanten Alltagsgeschäfts. Aufgrund der Verschiedenartigkeit und der Zahl der zu lösenden Probleme sowie der hohen zeitlichen Belastung der Führungsperson ist hier die Gefahr groß, daß die Übersicht verloren geht.[58] Es werden in der Folge Kapazitäten falsch eingeschätzt und schlecht koordiniert, Unwichtiges, aber zeitlich Drängendes anstelle des Wichtigen, aber nicht als dringlich Wahrgenommen erledigt und das Näherrücken einer Verlust- oder Illiquiditätssituation übersehen. Der persönlichen Arbeitsgestaltung und einem disziplinierten Zeitmanagement kommt in dieser Situation deshalb zentrale Bedeutung zu. Kernaktivitäten wie Rekrutierung qualifizierter, begeisterungsfähiger Mitarbeiter, Kontakt zu den wichtigsten Kunden und Kontrolle der Finanzentwicklung sollten höchste Priorität besitzen. Themen wie zum Beispiel Personal-, Marketing-, Finanz- und Forderungsmanagement erhalten in dieser Phase der Jungunternehmung eine neue Bedeutung. Das Personalmanagement beginnt dabei mit der Suche und Auswahl geeigneter Mitarbeiter durch Zusammenarbeit mit dem Arbeitsamt, privaten Arbeitsvermittlungen oder Aufgabe einer Stellenanzeige. Im Rahmen der Bewerbungsgespräche, die sorgfältig vorbereitet und unter Beteiligung einer weiteren Person durchgeführt werden sollten, erfolgt die Auswahl des am besten geeigneten Bewerbers.[59] Die Notwendigkeit der nun folgenden Mitarbeiterführung und -motivation wird oft nicht erkannt, Kosten der Mitarbeitergespräche höher als deren Nutzen eingeschätzt und vielfach als

---

[58] Vgl. Pümpin, C.; Prange, J. (1991, S.158)
[59] Vgl. Deutsche Ausgleichsbank (06/1999, S.31)

zusätzlicher, zeitlicher und psychischer Aufwand angesehen. Doch der Erkenntnis, daß die Menschen das wichtigste Kapital einer Unternehmung sind, kann in der Praxis in Form der mitarbeiterorientierten Führung Rechnung getragen werden. Sie ist mit dem zuvor beschriebenen kooperativen Führungsstil vergleichbar und beinhaltet die Zielvereinbarung und Übertragung von Kompetenzen als wesentliche Elemente. Ziel des Marketingmanagement ist die Positionierung der Unternehmung und ihrer Produkte am Markt und die Schaffung eines unverwechselbaren Unternehmungsprofils. Junge Unternehmer stehen hier vor der permanenten Aufgabe, ihre Firma dauerhaft in den Köpfen der potentiellen Kunden zu verankern. Das heißt Marketing lebt von Kontinuität und beinhaltet neben langfristigen Werbemaßnahmen die Ausrichtung des Angebotes am Markt und am Kunden sowie die ständige Arbeit an einem konstanten Firmenimage.[60] Das Finanz- und Forderungsmanagement besitzt aufgrund der noch geringen Eigenkapitaldecke der Jungunternehmungen besondere Brisanz. Den durch die Fremdkapitalfinanzierung entstehenden laufenden Zahlungsverpflichtungen muß auch beim Ausbleiben von Forderungen nachgekommen werden, was unter Umständen in nur kurzer Zeit zur Illiquidität führt. Ziel des Finanzmanagement ist deshalb die Sicherung des finanziellen Gleichgewichts zwischen Liquidität, Unabhängigkeit, Rentabilität und Sicherheit.[61] In kleinen und mittleren Unternehmungen hat sich dabei der Quick-Test als Instrument zur Kontrolle der finanziellen Stabilität und frühzeitiger Warnung vor Fehlentwicklungen herausgestellt.

Die Gründungs- und Konsolidierungsphase stellt eine der schwierigsten Etappen im Lebenszyklus der Unternehmung dar. Im Falle einer Störung geht es meist sofort um das Überleben der Unternehmung, wodurch alle beteiligten Personen unter großem Druck stehen. Der Gründer wird mit einer Fülle unterschiedlicher Probleme konfrontiert und seine zentrale Stellung fordert ständige Einsatzbereitschaft von ihm. Den erfolgreichen Jungunternehmer, der in der Lage ist, seine Unternehmung in die nächste Entwicklungsphase zu führen, zeichnet deshalb neben der Erfüllung operativer Anforderungen auch die richtige Gestaltung der normativen und strategischen Dimension in seiner Unternehmung aus. Welche signifikanten Eigenschaften, Elemente und Faktoren dazu beitragen die Anforderungen optimal zu erfüllen und den unternehmerischen Erfolg positiv

---

[60] Vgl. Bundesministerium für Wirtschaft und Technologie (01/2000, S.50-51)
[61] Vgl. Bundesministerium für Wirtschaft und Technologie (01/2000, S.39)

zu beeinflussen, wurden bereits ansatzweise deutlich. Eine Forschungsrichtung der Betriebswirtschaftslehre untersucht diese seit etwa Mitte der siebziger Jahre, was auf ihre Komplexität hinweist. Insbesondere zwei empirisch-praktischen Untersuchungen: dem PIMS Projekt, das quantitative Indikatoren für den Erfolg untersucht sowie der Studie von Thomas J. Peters und Robert H. Waterman, die auf qualitative Aspekte der Erfolgsbeeinflussung eingeht, verdankt die Erfolgsfaktorenforschung wichtige Impulse. Sie sollen nachfolgend ausführlich beschrieben und auf Jungunternehmungen übertragen werden.

3. Signifikante Faktoren zur Beeinflussung des Erfolgsausmaßes während der Gründungs- und Konsolidierungsphase

3.1 Indikatoren für erfolgreiches unternehmerisches Handeln

Bei der Suche nach Faktoren, die den Erfolg neugegründeter Unternehmungen bestimmen, stellt die Messung und Bewertung des Erfolges ein zentrales Problem dar. Erfolg kann auf vielfältige Weise interpretiert werden und die Analyse der relevanten Literatur ergibt demzufolge auch eine Vielzahl unterschiedlicher Erfolgsdefinitionen. Über die Frage anhand welcher Größen Erfolg beurteilt werden soll, besteht deshalb ebenfalls keine Einigkeit, sondern es ist im Laufe der Zeit eine „verwirrende Vielfalt von Einflußgrößen und Bedingungen identifiziert worden"[62], die nach Meinung der verschiedenen Autoren für erfolgreiches unternehmerisches Handeln ausschlaggebend sind. Die Vorgehensweisen und Untersuchungsebenen sind ebenfalls sehr verschieden, was Systematisierungsversuche zusätzlich erschwert. Zur Verdeutlichung seien nachfolgend kurz einige Ansätze genannt, wobei diese Aufzählung keine Rangfolge darstellt.

1. Seibert unterscheidet sowohl generelle als auch branchen-, unternehmens- und geschäftsfeldspezifische Erfolgsfaktoren.[63]
2. Peters und Waterman leiten aus dem McKinsey-7S-Modell mit Struktur, Strategie, System, Selbstverständnis, Stil, Spezialkenntnis und Stammpersonal harte und weiche Faktoren für den Erfolg einer Unternehmung ab.[64]

---

[62] Rehkugler, H. (1989, S.627)
[63] Vgl. Seibert, S. (1987, S.10)
[64] Vgl. Peters, T.J.; Waterman, R.H. (1984, S.32)

3. Kreikebaum und Grimm nehmen die unproblematisch erscheinende Einteilung in unternehmensinterne beziehungsweise beeinflußbare und unternehmensexterne beziehungsweise nicht beeinflußbare Erfolgsfaktoren vor.[65]

4. Patt spricht von quantitativen und qualitativen Erfolgsfaktoren.[66]

5. Schenk dagegen gliedert Erfolgsfaktoren in betriebswirtschaftliche Erfolgsmaße, wie Überleben und Wachstum der Unternehmung, Zahl der Mitarbeiter, Umsatz- und Gewinnentwicklung und Unternehmungswert sowie psychologische Indikatoren, wie Zielerreichung, Arbeitszufriedenheit und Betriebsklima und nennt finanzielle Aspekte, wie Marktposition, Leistungserstellung, Person des Unternehmers, Mitarbeiter-, Lieferanten- und Kundenbezogene Faktoren sowie Fremdkapitalgeber als weitere Erfolgsaspekte.[67]

Für die weiteren Ausführungen wird die Meinung von Patt zu Grunde gelegt und sowohl auf quantitative als auch auf qualitative Aspekte der erfolgreichen Unternehmungsführung eingegangen. Diese Betrachtungsweise erscheint sinnvoll, weil Ergebnisse der rein quantitativen Analyse von Unternehmungskennzahlen nur für die Klärung bestimmter Fragestellungen geeignet sind. Weniger greifbare Komponenten jedoch können durch sie nicht erfaßt werden und erfordern daher die Ergänzung um qualitative Aspekte. Besonders in einer komplexen und mehrdimensionalen sozialen Einheit wie der einer Unternehmung kommt der Betrachtung des gesamten Geflechts von Faktoren, die auf den Erfolg als solchen einwirken große Bedeutung zu. Eine Reihe von Ursachen führt unter einer Vielzahl von Einflüssen zu zahlreichen direkten und indirekten Wirkungen und Rückwirkungen. Da weder der Einflußanteil eines einzelnen Faktors isolierbar, noch die Fristigkeit der Wirkung exakt bestimmbar ist, gestaltet sich die differenzierte Analyse der verschiedenen Wirkungen sehr problematisch.[68] Mitunter ist deshalb auch unklar, ob eine Unternehmung trotz oder wegen bestimmter Gegebenheiten Erfolg hat, ob erfolgreiche Strategien der Vergangenheit, heute wieder zum Erfolg führen, Erfolg die Basis für Krisen und diese ihrerseits Wegbereiter für Erfolg sind. In dem Bemühen dennoch

---

[65] Vgl. Kreikebaum, H.; Grimm, U. (1983, S.8-9)
[66] Vgl. Patt, P.-J. (1988, S.6-8)
[67] Vgl. Schenk, R. (1998, S.59-65)
[68] Vgl. Meyer, J.-A. (1998, S.53-55)

erfolgsbeeinflussende Faktoren, bestimmen zu können, konzentriert sich das PIMS Programm auf quantitative, klar zu beobachtende Aspekte, ermittelt anhand einer Datenbank Kennzahlen, untersucht Ursache-Wirkungs-Beziehungen zwischen ihnen und leitet daraus ökonomische Grundsätze ab. Es ist Gegenstand des folgenden Abschnitts, sowohl die Vorgehensweisen als auch die Erkenntnisse zu nennen.

3.1.1 Auswirkung quantitativer Kenngrößen auf den Erfolg
3.1.1.1 PIMS-Programm

Das PIMS-Programm ist eine umfangreiche und fortwährende empirische Untersuchung des Strategic Planning Institute in Cambridge (Mass.). Es analysiert eine umfassende Datenbank mit Informationen von mehr als 3000 Geschäftseinheiten aus mehr als 450 Unternehmungen verschiedener Größen, die in folgende Gruppen unterteilt werden: Hersteller von Gebrauchs-, Verbrauchs- und Investitionsgütern, Roh-, Hilfs- und Betriebsstoffen, Einzel- und Bauteilen sowie Zulieferer, Dienstleister sowie Groß- und Einzelhändler.[69] Die angebotenen Produkte und erbrachten Dienstleistungen reichen von Süßwaren über Güter des Anlagenbaus bis zu Finanzdienstleistungen und eine strategische Geschäftseinheit ist die kleinste Teileinheit (Produkt- oder Dienstleistungsgruppe) einer Unternehmung, für die es sich lohnt eine eigene Strategie zu erarbeiten.[70] Sie bedient einen klar definierten Kreis von Kunden innerhalb eines abgegrenzten geographischen Bereichs und steht mit einem ebenfalls klar definierten Kreis von Konkurrenten im Wettbewerb. Für jede werden quantitative Angaben über die Marktbedingungen (zum Beispiel Wachstums- und Inflationsraten bei Preisen und Kosten, Anzahl der Anbieter und Nachfrager sowie verwendetet Vertriebskanäle), die Wettbewerbsposition (zum Beispiel Marktanteil, Produktqualität, vertikale Integration, Preise und Kosten im Vergleich zur Konkurrenz), die Investitionsaktivitäten (zum Beispiel Investitionsintensität, Kapazitätsauslastung und Umsätze pro Beschäftigten) und die Indikatoren der Rentabilität und Betriebseffizienz (zum Beispiel Return on Investment, Cash Flow und Wachstum) erhoben sowie gespeichert.[71] Ziel ist es, durch die Analyse der Daten einer

---

[69] Vgl. PIMS Associates (19.06.2000)
[70] Vgl. Buzzell, R. D.; Gale, B. T. (1989, S.30)
[71] Vgl. Neubauer, F.-F. (1989, Sp.1363-1364)

ausreichend großen Zahl von Geschäftseinheiten ökonomisch begründbare Gemeinsamkeiten oder Unterschiede zwischen ihnen aufzudecken und daraus Prinzipien abzuleiten. Mit deren Hilfe soll die Wahl der optimalen Strategie unterstützt und ihre Auswirkungen auf den Erfolg exakter voraussagbar werden. Die Datenbank stellt damit Schlüsselinformationen für kritische Managementtätigkeiten wie die Evaluierung der Unternehmungseffizienz sowie -strategie, das Testen neuer Strategien, die Analyse von Unternehmungschancen und die Überprüfung von Unternehmungsportfolios bereit und trägt dazu bei, kritische Faktoren zur Erreichung einer strategischen Erfolgsposition zu identifizieren. Zu diesen Faktoren gehören die Wettbewerbsposition, die Marktverhältnisse, die Kapitalstruktur und der Standpunkt im Lebenszyklus.[72] Erfolg wird im Rahmen dieser Analyse als Return on Investment definiert und unter Strategie werden hier Maßnahmen und Schlüsselentscheidungen des Management, die nicht leicht rückgängig zu machen sind, in der Regel signifikante Ressourcenbindung mit sich bringen und daher großen Einfluß auf den finanziellen Erfolg haben, verstanden.[73] Aus den Ergebnissen der Untersuchung wurden bisher zum Beispiel folgende Zusammenhängeabgeleitet.[74]

1. Der Marktanteil hat einen deutlich positiven Einfluß auf den Return on Investment.

2. Die Qualität der Produkte/Dienstleistungen im Vergleich zur Konkurrenz ist mit dem Return on Investment stark positiv korreliert.

3. Die Investmentintensität beeinflußt den Return on Investment am stärksten negativ.

4. Die vertikale Integration kann sowohl positive als auch negative Wirkung auf den Return on Investment haben.

5. Faktoren die den Return on Investment erhöhen, steigern auch den langfristigen Unternehmungswert.

In einem hohen Return on Investment spiegeln sich verschiedene Faktoren wieder. In den 60er und 70er Jahren wuchs jedoch die Erkenntnis, daß der Marktanteil, als Meßgröße für die Wettbewerbsposition, ein Schlüssel zu Wachstum und Rentabilität einer Unternehmung ist. Die in der PIMS-Datenbank hierzu vorliegenden Daten zeigen, daß Marktführer und Geschäftseinheiten mit

---

[72] Vgl. PIMS Associates (19.06.2000)
[73] Vgl. Buzzell, R.D.; Gale, B.T. (1989, S.17-18)
[74] Vgl. Neubauer, F.-F. (1989, Sp.1365-1366)

geringem Marktanteil sehr unterschiedliche Rentabilitäten aufweisen. Im Durchschnitt liegen die Ertragsraten der Marktführer um ein Dreifaches höher. Die Begründung kann vor allem in drei Formen relativer Größenvorteile gesehen werden. Marktführende Geschäftseinheiten erzielen relative Kostenvorteile, sogenannte Economies of Scale, weil große Geschäftseinheiten bei gegebener Technologie effizienter arbeiten und dadurch für sie niedrigere Stückkosten entstehen als bei kleinen Mitwettbewerbern. Weiterhin genießen sie den Vorteil der Kundenpräferenz. Vor allem risikoaverse Kunden möchten mögliche Risiken, die mit dem Kauf eines Produktes oder einer Dienstleistung von einem kleinen Anbieter verbunden sind, nicht eingehen. Letztlich besitzen sie Marktmacht und können folglich mit mehr Nachdruck verhandeln und höhere Preise durchsetzen.[75] In den 80er Jahren zeigte sich darüber hinaus, daß der Marktanteil vor allem durch die Qualität bestimmt wird. Hierbei müssen zwei grundlegende Möglichkeiten, die Konkurrenten zu übertreffen und den eigenen Erfolg anzukurbeln, unterschieden werden. Einerseits die Erzielung technischer Qualität, das heißt durch fehlerfreie Erstellung entsprechen die Produkte und Dienstleistungen den Anforderungen der Kunden besser und verursachen geringere Kosten als bei der Konkurrenz. Andererseits die Erreichung überlegener relativer Qualität durch Entwicklung kundenspezifischer Produktspezifikationen und Dienstleistungsstandards. Unternehmungen können in der Folge entweder einen höheren Preis verlangen, der sich sofort im Gewinn niederschlägt und in die Entwicklung neuer Produkte investiert werden kann oder dem Kunden bei gleichen Preisen ein besseres Preis-Leistungsverhältnis bieten, das sich im zukünftigen Gewinn äußert. Beides erhöht die vom Kunden wahrgenommene Qualität und führt letztlich zu stärkerer Kundentreue, häufigeren Wiederholungskäufen, niedrigeren Marketingkosten und vor allem zur Steigerung des Marktanteils. Das daraus resultierende Mengenwachstum bewirkt erneut Größenvorteile, die kurzfristig gestiegene Kosten zur Qualitätsverbesserung wieder ausgleichen. Die PIMS-Daten zeigen, daß die relative Qualität den relativen Preis beeinflußt, wogegen der Marktanteil nur geringe Auswirkung auf den Preis hat und das umgekehrt der Marktanteil die Kosten direkt beeinflußt, die Qualität dagegen für die Kosten nur geringe Bedeutung hat. Qualität und Marktanteil korrelieren aber nicht nur miteinander positiv, sondern haben jeweils

---

[75] Vgl. Buzzell, R.D.; Gale, B.T. (1989, S.67)

beide eine starke, direkte Beziehung zum Erfolg, wie für den Marktanteil bereits gezeigt wurde. Die höhere Rentabilität von Geschäftseinheiten mit überlegener Qualität erklärt sich dabei durch deren Fähigkeit, höhere Preise bei vergleichbaren Kosten zu erzielen. Für die Bewertung der relativen, wahrgenommenen Qualität haben die Mitarbeiter und Mitgliedsfirmen von PIMS ein Verfahren zur Bestimmung eines Qualitätsprofils entwickelt, auf das jedoch nicht weiter eingegangen werden soll.[76]

Investment ist das Kapital, das die Geschäfteinheit beispielsweise für Arbeitskräfte, Betriebsmittel, Werkstoffe oder Ware benötigt, um den laufenden Absatz zu gewährleisten. Zur Messung seiner Intensität wird in der PIMS-Datenbank sein Verhältnis zum Umsatz verwendet. Die Investmentintensität variiert zwischen Wettbewerbern einer Branche unter anderem aufgrund unterschiedlicher Produktivitäts- und Integrationsgrade. Obwohl die Steigerung der Produktivität die variablen Kosten senkt und die Erhöhung der Wertschöpfungstiefe durch Eingliederung beispielsweise der Aktivitäten des Zulieferers die Liefersicherheit erhöht, ist nach Beobachtungen in der Datenbank die damit erreichbare positive Beeinflussung des Gewinns niedriger als die negative Wirkung der dazu nötigen höheren Investitionsintensität. Diese ergibt sich aus der Neueinstellung qualifizierterer oder Weiterbildung vorhandener Arbeitskräfte und der Beschaffung neuer, besserer Technologien. Der negative Einfluß ist damit zu begründen, daß hohe Investitionen in Anlagevermögen wie Austrittsbarrieren wirken und hohe Investitionen in Umlaufvermögen die Kapitalbindung und damit die -kosten zusätzlich erhöhen. Verbunden mit unzureichender Kapazitätsauslastung führt dies zu aggressivem Wettbewerb, da Manager unter solchen Bedingungen häufig bereit sind, Preise nur knapp über den variablen Kosten zu akzeptieren.[77]

Eine hohe vertikale Integration wird traditionell als Kombination zweier oder mehrerer einzelner, separat operierender Produktions- und/oder Vertriebsbereiche definiert. Bei der Analyse der PIMS-Geschäftseinheiten wird zur Messung der vertikalen Integration die Wertschöpfung genutzt. Sie ergibt sich aus dem Umsatz abzüglich der Kosten für die Beschaffung von Material, Komponenten, Zubehör und Energie und hat nicht zwangsläufig eine nachteilige Wirkung auf den Erfolg. Je nach Markt- und Wettbewerbsbedingung kann eine hohe Wertschöpfungstiefe

---

[76] Vgl. dazu ausführlich Buzzell, R.D.; Gale, B.T. (1989, S.91-96)
[77] Vgl. Buzzell, R.D.; Gale, B.T. (1989, S.115 u. 123-126)

neben der Sicherung von Zulieferungen oder Absatzwegen auch Vorteile, wie Verbesserung der Fertigungs- und Lagerhaltungssteuerung sowie des technologischen Wissens mit sich bringen. Eine vergleichende Analyse von PIMS-Geschäftseinheiten mit hohem und niedrigem Integrationsgrad ergab, daß sowohl eine sehr niedrige als auch eine sehr hohe Wertschöpfungstiefe zu einer überdurchschnittlichen Umsatzrendite führt, während die Gewinne dazwischen am niedrigsten sind. Läßt sich eine Strategie zur Erhöhung des Integrationsgrades ohne Erhöhung der Investmentintensität umsetzen, hat dies in der Regel höhere Renditen zur Folge. Als allgemeine Anhaltspunkte für die Bewertung von Vor- und Nachteilen der vertikalen Integration gelten damit Vorsicht vor erhöhtem Investitionsbedarf und Vermeidung halbherziger Integration.[78]

Die in der PIMS-Analyse angewandte Kenngröße für die langfristige Wertsteigerung einer Geschäftseinheit bewertet den Erfolg auf der Grundlage abgezinster Cash Flows zuzüglich der Nettoveränderung des Marktwertes. Dieser wird unter Verwendung der Aktienkurse an der Börse bestimmt. Durch den Einsatz dieser Größe können Auswirkungen von Schwankungen der kurzfristigen Gewinne minimiert werden. Laut den Untersuchungen in der Datenbank erzielten Geschäftseinheiten mit hohem Return on Investment auch gute Ergebnisse beim langfristigen Wertsteigerungsindex. Dies wird durch eine zusätzliche Analyse der oben bereits genannten Markt- und Strategiefaktoren, die den Return on Investment positiv beeinflussen und ebenfalls langfristig wertsteigernd wirken, bestätigt. So schnitten Geschäftseinheiten mit starker Wettbewerbsposition, hoher Arbeitsproduktivität und hoher relativer Qualität ebenso wie diejenigen mit Kostenvorteilen gegenüber der Konkurrenz beim langfristigen Wert sehr gut ab.

Die Stärke dieser Datenbank liegt erstens in der Menge der Daten und der Summe der daraus ableitbaren Kennzahlen und zweitens in der strikt vertraulichen Behandlung der sehr sensiblen Daten einer teilnehmenden Unternehmung. Nutzer suchen hauptsächlich nach statistischen Beziehungen und Zusammenhängen zwischen den Kennzahlen und weniger nach individuellen Daten. Dazu liefert die PIMS-Datenbank eine weite Palette an Analysen, die sich zur Überprüfung der Gesamtstrategie und des erwarteten Return on Investment eignen. Zu ihren Schwächen zählt dagegen, daß sie für die Analyse kleiner und mittlerer Unternehmungen nicht geeignet ist. Für die Durchführung der Analysen ist neben

---

[78] Vgl. Buzzell, R.D.; Gale, B.T. (1989, S.139-140, 142, 147-148)

einer großen Menge an Inputdaten, über die diese häufig nicht verfügen, auch die Mitarbeit und Beratung der PIMS-Mitarbeiter erforderlich, deren Kosten für kleine Unternehmungen ausschließende Wirkung haben. Weiterhin errechnet das PIMS Programm den optimalen Return on Investment als Maß für den Erfolg und befürwortet eine hohe Investment-Intensität nur unter der Bedingung einer gleichbleibenden oder gering steigenden Kapitalbindung. Dies ist oft nicht realisierbar und führt damit zu einer Behinderung des Unternehmungswachstums. Denn gerade neugegründete mittelständische Unternehmungen sollten stärker an Wachstum durch Erhöhung der Marktanteile als an Erzielung eines höheren Return on Investment durch Reduzierung der Investitionen interessiert sein.[79] Deshalb wird im folgenden Abschnitt ein alternatives Kennzahlensystem vorgestellt, daß sich besonders für mittelständische Unternehmungen eignet und verstärkt durch diese genutzt wird.

3.1.1.2 Erfolgsrechnungen mittelständischer Unternehmungen

Voraussetzung für die Anwendung von Kennzahlen zur Bestimmung und Kontrolle der Ertragslage und finanziellen Stabilität einer Unternehmung ist das Vorhandensein ausreichender und zuverlässiger Daten, die vor allem der Bilanz entnommen und in geeigneter Form aufbereitet werden. Der Nutzen ist dann besonders hoch, wenn sie regelmäßig erhoben und analysiert werden und das Kennzahlengerüst individuell festgelegt wird. Nach dem Grundsatz: Qualität statt Quantität ist zu empfehlen, nicht mehr als zehn sorgfältig ausgewählte Kennzahlen zu verwenden, die durch Zeit-, Betriebs- und Soll-Ist-Vergleiche entsprechende Aussagekraft erreichen und sowohl zur Analyse des Ist-Zustandes als auch als wertvolle Planungs- und Entscheidungshilfen genutzt werden können.[80] Für Jungunternehmungen stellt sich jedoch das Problem, daß die Bilanz erst mit Beginn des nächsten Geschäftsjahres erstellt wird und daher im Verlauf des ersten Jahres kaum entsprechende Daten für Branchen- oder Betriebsvergleiche, Wirtschaftlichkeitsanalysen oder Planungen der zukünftigen finanziellen Lage vorhanden sind. Während dieser Phase dienen die, vom zumeist extern durchgeführten Rechnungswesen erstellten betriebswirtschaftlichen Auswertungen als Basis für Analysen. Dabei hat der externe Partner lediglich die

---

[79] Vgl. Ortega, I. (06.05.2000, S. 59)
[80] Vgl. Brodenbeck, H. (1995, S. 76-77)

Aufgabe über die finanzielle Lage zu informieren und unternehmerische Entscheidungen beratend zu unterstützen, wogegen es die Pflicht eines jeden Unternehmers ist, jederzeit über die finanzwirtschaftliche Situation der Unternehmung Kenntnis zu besitzen oder zumindest zu erlangen. Anhand der betriebswirtschaftlichen Auswertungen ist es möglich, Stärken und Schwächen der Unternehmungsführung frühzeitig selbst zu erkennen und Chancen wie auch Risiken mit entsprechenden Maßnahmen zu begegnen. Liegen Daten einer Bilanz vor, ist der Quick-Test als geeignetes Instrument zu nennen, um anhand weniger Kennzahlen einen Überblick über die finanzielle Stabilität und Ertragslage der Unternehmung zu bekommen.[81] Er ermöglicht über die Ermittlung der Eigenkapitalquote, Schuldentilgungsdauer, Gesamtkapitalrentabilität sowie des Cash Flows und mit Hilfe einer Beurteilungsskala die wirtschaftliche Lage der Unternehmung zu bestimmen.[82] Die Eigenkapitalquote dient dabei der Beurteilung des Risikos, daß Kapital entzogen wird. Es ist um so kleiner, je mehr langfristig gebundenes Kapital (Eigenkapital und langfristiges Fremdkapital) in der Unternehmung steckt. Die Eigenkapitalquote ergibt sich im Verhältnis zum Gesamtkapital und sollte zwischen 30% und 10 % liegen. Wird sie dagegen negativ, deutet dies auf eine Insolvenzgefährdung der Unternehmung hin. Der Verschuldungsgrad gibt Aufschluß über Art und Zusammensetzung des Kapitals und damit über den Anteil von Fremd- am Eigenkapital. Das Verhältnis sollte nicht schlechter als 1:2 sein, um genügend Reserven für mögliche Krisen zu besitzen und bei Kreditvergaben kreditwürdig zu sein. Die aus dem Verschuldungsgrad ableitbare Schuldentilgungsdauer in Jahren, besagt wie lange die Unternehmung fiktiv brauchen würde, um alle Schulden zurückzuzahlen. Sie sollte zwischen 3 und 12 Jahren liegen. Eine Schuldentilgungsdauer von mehr als 30 Jahren ist negativ und als Zeichen der drohenden Insolvenz zu bewerten. Eine weitere Möglichkeit, den Erfolg einer Unternehmung zu beurteilen bieten Rentabilitätskennzahlen. Sie werden gebildet, indem eine absolute Erfolgskennzahl in Beziehung zum eingesetzten Kapital untersucht wird. Die Gesamtkapitalrentabilität ergibt sich danach aus dem Verhältnis von Jahresüberschuß oder Cash Flow zum Gesamtkapital. Sie sollte zwischen 15%

---

[81] Siehe auch Quick-Test zur Beurteilung von Unternehmen unter http://members.aon.at/ai-management/qt_erl.htm

[82] Vgl. Richter, H.-J. (Vortrag: Anwendung von Kennzahlen WS 1998/99, in.: Vorl.: Planung und Kontrolle, unveröffentlichtes Skript)

und 8% liegen, wird sie jedoch negativ, ist die Unternehmung ebenfalls insolvenzgefährdet. Als Stromgröße eliminiert der Cash Flow hauptsächlich Verzerrungen, wie Ab- und Zuschreibungen oder Rückstellungsbildungen und -auflösungen und ermöglicht den Vergleich mit dem branchenüblichen Erfolg. Er ergibt sich durch Abzug zahlungsunwirksamer Erträge, wie Zuschreibungen zum Anlagevermögen und Auflösung langfristiger Rückstellungen sowie Hinzurechnung der zahlungsunwirksamen Aufwendungen, wie Abschreibungen auf das Anlagevermögen und Zuführungen zu langfristigen Rückstellungen.[83] Der Cash Flow in % der Betriebsleistung sollte zwischen 10% und 5% liegen. Auch hier ist ein negativer Cash Flow ein deutlicher Hinweis auf finanzielle Probleme, die ohne entsprechende Gegenmaßnahmen Insolvenz zur Folge haben. Der Quicktest aber ermöglicht dem Unternehmer jede finanzielle Situation mit Hilfe weniger Kennzahlen einzuschätzen und entsprechende Maßnahmen abzuleiten. Als Instrument der Frühaufklärung von kurz und mittelfristig relevanten Chancen und Risiken kommt ihm besondere Bedeutung zu, denn durch möglichst frühzeitige Identifikation dieser verschiedenen Situationen können Erfolgspotentiale schneller und besser genutzt und Krisen vermieden, statt bekämpft werden.[84] Trotz der vielfältigen, aus den Unternehmungsdaten ableitbaren Kennzahlen bleibt ihr Aussagewert jedoch begrenzt, da es sich um ausschließlich quantitativ ausgedrückte Informationen über zahlenmäßig direkt erfaßbare, betriebswirtschaftlich relevante Sachverhalte handelt, die über weniger greifbare und nur schwer meßbare Faktoren keine Aussagen machen. Doch auch eher qualitative Aspekte nehmen starken Einfluß auf den unternehmerischen Erfolg und gewinnen deshalb immer mehr Bedeutung. In Ergänzung zur quantitativen Analyse dienen sie der ganzheitlichen Bewertung der Unternehmungssituation und werden aus diesem Grund im folgenden Abschnitt ausführlicher diskutiert.

3.1.2 Auswirkungen qualitativer Komponenten auf den Erfolg
3.1.2.1 Merkmale innovativer Unternehmungen nach Peters/Waterman

In ihrer von Beginn an nicht auf Repräsentativität ausgerichteten Untersuchung analysieren Peters und Waterman die Merkmale von 62 erfolgreichen

---

[83] Vgl. Brodenbeck, H. (1995, S. 79-84)
[84] Vgl. Krystek, U.; Müller-Stewens, G. (1993, S.27)

amerikanischen Großunternehmungen und identifizieren die folgenden acht zentralen Merkmale, die primär die Bedeutung der weichen und damit qualitativen Faktoren zur Beeinflussung des Unternehmungserfolges herausstellen.[85]

1. Primat des Handelns

2. Nähe zum Kunden

3. Freiraum für Unternehmertum

4. Produktivität durch Menschen

5. Sichtbar gelebtes Wertesystem

6. Bindung an das angestammte Geschäft

7. Einfach, flexibler Aufbau

8. Straff-lockere Führung

In ihrem Buch „Auf der Suche nach Spitzenleistungen" beschreiben Peters und Waterman diese Merkmale auf über 200 Seiten und verdeutlichen, daß sie sich gegenseitig stark überlappen und interdependent sind. Dabei hat der Primat des Handelns die rasche Umsetzung von Neuerungen und Veränderungen, durch die Gliederung der Unternehmung in Aktionseinheiten zum Ziel. Nähe zum Kunden und seinen Problemen wie auch Wünschen kann durch ein gut ausgebautes Servicenetz und mehr Rücksicht sowie individuelles Eingehen auf den Kunden erreicht werden. Freiraum für Unternehmertum durch kleine autonome Einheiten, mit großer Entscheidungsfreiheit soll das Denken und Handeln der Mitarbeiter im Sinne von Unternehmern im Unternehmen und damit ihre Risikobereitschaft fördern. Produktivität durch den Menschen verdeutlicht, daß die Mitarbeiter das wertvollste Kapital der Unternehmung sind und ihre Leistungsfähigkeit bestimmen. Ein sichtbar gelebtes Wertesystem gibt die vom Management anerkannten Werte und Normen klar vor und verdeutlicht ihre elementare Bedeutung nach dem Motto: Wir meinen was wir sagen und tun es auch. Bindung an das angestammte Geschäft besagt, daß die Aktivitäten, in den Bereichen in denen besonderes Know-how vorhanden ist, gebündelt und auf Kernkompetenzen ausgerichtet werden. Einfacher, flexibler Aufbau ist die Absage an jede komplexe Organisationsstruktur, da nur flache Hierarchien ein hohes Maß an Bürokratie verhindern und Flexibilität gewährleisten. Straff-lockere Führung ist verbunden mit weitgehend zentraler Führung und großem individuellem Freiraum nach dem

---

[85] Vgl. Richter, H.-J. (1996, S. 26) und auch Steinle, C. (1996, S.14)

Grundsatz: Soviel Kontrolle wie nötig, soviel Führung wie möglich.[86] In ihrer sehr verständlichen Darstellung und eingängigen Formulierung haben diese Merkmale das Denken von Managern, Unternehmungsberatern und Wirtschaftswissenschaftlern beeinflußt. Trotzdem ist die Studie eher der populären Managementliteratur, als einer methodisch fundierten empirischen Arbeit zuzurechnen und wurde aus diesem Grund zum Teil stark kritisiert.[87] Als hauptsächliche Kritikpunkte galten die Globalität der Erfolgsfaktoren, die isolierte Betrachtung und die ungenügende Problembewältigung aufgrund zu starker Vereinfachung. Bezogen auf junge, neugegründete Unternehmungen erscheint die Verfolgung der oben genannten Grundsätze aber zumindest umsetzbar, wobei Auswirkungen auf den Erfolg bisher noch nicht eindeutig empirisch bewiesen werden konnten. Neben der Produktivität der Mitarbeiter haben das sichtbar gelebte Wertesystem und die Kundennähe in jüngster Vergangenheit erheblich an Bedeutung und Aufmerksamkeit gewonnen. Grundlage für produktive Menschen ist deren Qualifikation, die sie während der Ausbildung erwerben. Die immer schnellere Veralterung des Wissens erfordert aber darüber hinaus die kontinuierliche Weiterbildung und bedeutet für Unternehmungen die Schaffung einer Kultur des lebenslangen Lernens. Damit das Wertesystem einer Unternehmung oder der Person des Unternehmers überhaupt wahrnehmbar ist, muß es im Rahmen einer unternehmungsspezifischen Kommunikationskultur kommuniziert werden. Erst durch ein effizientes Kommunikations- und Informationssystem werden die Werte und Normen des Management sichtbar gelebt und für alle internen wie auch externen Beteiligten deutlich. Besonders auf dem Weg vom Industrie- zum Informations- und Kommunikationszeitalter gewinnt die Beschaffung, Aufbewahrung und Nutzung von Informationen über geeignete Kommunikationsmittel immer mehr den Charakter eines kritischen Erfolgsfaktors und ist Basis für markt- und kundennahes unternehmerisches Handeln. Vielfach ist das Angebot unserer Überschußgesellschaft größer als die Nachfrage, zahlreiche Märkte befinden sich bereits in der Sättigungsphase und nur durch Nähe zum Kunden ist es im immer härter werdenden Wettbewerb möglich, neue Bedürfnisse rechtzeitig zu erkennen und schneller als die

---

[86] Vgl. Richter, H.-J. (1996, S. 26)

[87] In den letzten Jahren wurde das Modell von Peters / Waterman mehr und mehr einer kritischen Analyse unterzogen und vielfältige Problemfelder, die den Ansatz in Frage stellen untersucht. Stellvertretend für die zahlreichen Beiträge sei auf den Aufsatz von Krüger hingewiesen. Vgl. Krüger, W., 1989, S.13-18

Konkurrenten zu befriedigen. Erfolgreiches unternehmerisches Handeln und Erzielung maximaler Gewinne zur langfristigen Sicherung der Unternehmung setzt damit die Steigerung des erreichbaren Kundennutzens voraus und macht die Herausbildung einer Dienstleistungskultur in allen wirtschaftlichen Bereichen notwendig. Die Relevanz der drei genannten Aspekte und ihre Ausgestaltung in neugegründeten und jungen Unternehmungen ist Thema des nächsten Abschnitts. Besonderes Gewicht wird dabei auf die Begründung der Notwendigkeit einer hohen Qualifikation aller Unternehmungsmitglieder gelegt.

3.1.2.2 Weitere qualitative Aspekte in bezug auf neugegründete Unternehmungen

Der langfristige Bestand einer Unternehmung hängt mehr denn je vom Wissen und Können der dort tätigen Menschen ab. Empirische Untersuchungen insbesondere auch für mittelständische Unternehmungen belegen, daß Unternehmungen mit einer umfassenden Wissensbasis erfolgreicher am Markt agieren als andere. Wobei unter einer Wissensbasis die Gesamtheit des für die Mitarbeiter prinzipiell verfügbaren Wissens und Könnens verstanden wird.[88] Die Qualifikation aller Unternehmungsmitglieder und damit das Humankapital einer Unternehmung umfassend zu nutzen und stets weiterzuentwickeln, stellt einen entscheidenden Erfolgsfaktor dar.[89] Neue Konzepte, wie diejenigen der lernenden Organisation und des wissensbasierten Management empfehlen dabei die Beschaffung, Nutzung und Pflege des Humankapitals nicht nur rein fachlich, sondern ganzheitlich zu betrachten.[90] Die kontinuierliche Aus- und Weiterbildung aller Führungskräfte und Mitarbeiter zur Förderung der im (Bild 9) dargestellten Kompetenzen ist dafür eine Grundvoraussetzung. Fachkompetenz hat aus Sicht der Unternehmungsführung die optimale Lösung der Sachaufgaben zum Ziel. Das betrifft sowohl den technischen als auch kaufmännischen Bereich und erfordert Kenntnisse zum Beispiel über die Produkteigenschaften und Fertigungsverfahren, das Finanz- und Rechnungswesen sowie die Marktgegebenheiten.[91] Aufgrund der

---

[88] Vgl. dazu ausführlich Güldenberg, S.; Eschenbach, R. (1996, S. 6)
[89] Vgl. Pümpin, C. (06.05.2000)
[90] Vgl. dazu ausführlich Walz/Bertels (1995), Bertels (1996a,b), Hill (1994), Sattelberger (1993)
[91] Vgl. Sattelberger, T. (Hrsg.) (1995, S. 59f.)

dominierenden Stellung des Unternehmers in der Jungunternehmung und der begrenzten Betriebsgröße ist der Unternehmer für alle Bereiche zuständig und steht nicht für jedes Problem ein Spezialist zur Verfügung. Um diesen Anforderungen gerecht zu werden, benötigt der Jungunternehmer eher generalistisches Wissen auf verschiedenen Gebieten und muß es permanent erweitern. Seine hohe Fachkompetenz wird aber auch durch die immer schnellere Veralterung des technisch-technologischen Wissens beeinträchtigt, weshalb Weiterbildungsaktivitäten in dieser Kategorie dazu dienen, die fachliche Qualifikation dem jeweils neuesten Stand der Technik anzupassen. Dadurch werden höhere Leistungen erzielt, indem Kapazitäten besser genutzt und Durchlauf-, Bearbeitungs- sowie Besprechungszeiten verkürzt werden.

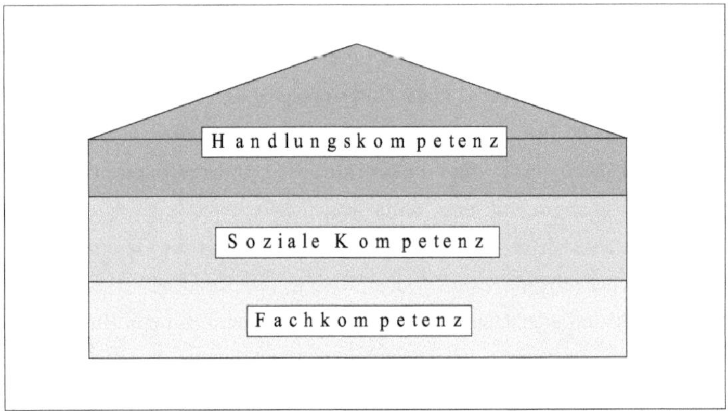

Bild 8: Kompetenzkategorien im Rahmen der Weiterbildung[92]

Die im Mittelstand oft zu beobachtende einseitige, technische Orientierung und hohe Fachkompetenz allein reicht jedoch, insbesondere in einer mittelständischen Unternehmung zur erfolgreichen Unternehmungsführung nicht mehr aus. Die enge persönliche Bindung zwischen Unternehmer und Mitarbeiter verlangt zusätzlich hohe soziale Kompetenz vom Management. Mittelpunkt dieser ist die Beziehungsebene und das damit zusammenhängende Betriebsklima. Es hat großen Einfluß auf den Unternehmungserfolg, weil nur ein Klima der Leistungsbereitschaft und Eigeninitiative überdurchschnittliche Marktleistung und hohen Kundennutzen sichert.[93] Soziale Kompetenz umfaßt damit die Fähigkeit zur

---

[92] Vgl. Nagel, K. (1994, S.145)
[93] Vgl. Theile, K. (1996, S.41f.)

Kommunikation, Information und Fremdmotivation. Weiterbildungsmaßnahmen auf diesem Gebiet bezwecken eine allgemeine Aktivierung des Humankapitals durch bessere Zusammen- und Führungsarbeit und folglich höhere Identifikation und Motivation. Handlungskompetenz hat in Zeiten zunehmender Dynamik und Komplexität ebenfalls an Bedeutung gewonnen. Sie besteht aus der Fähigkeit, Aufgaben selbständig zu lösen, Prozesse einzuleiten und betriebswirtschaftliche Steuerungsinstrumente zur Unterstützung der Unternehmungsführung erfolgreich einzusetzen. Sie umfaßt Einzelfähigkeiten, wie kritisches, analytisches und vernetztes Denken sowie Reaktions- und Lernfähigkeit und ist dadurch gekennzeichnet, daß sie im Gegensatz zu den zuvor genannten nicht konkret meßbar und damit auch nicht kalkulierbar ist, aber entscheidend zum Erlangen strategischer Wettbewerbsvorteile beiträgt. In mittelständischen Unternehmungen verlassen sich Jungunternehmer jedoch hauptsächlich auf ihr Fingerspitzengefühl und ihre Intuition, der Improvisation kommt große Bedeutung zu und formale Steuerungsinstrumente, wie Informations-, Planungs- und Kontrollsysteme sind nur in geringem Umfang und abgewandelter Form vorhanden. Weiterbildungskurse in dieser Kategorie haben deshalb den effizienten Umgang mit Managementinstrumenten und deren Anpassung an die Gegebenheiten in mittelständischen Unternehmungen zum Ziel. Bezüglich dieser drei Kompetenzarten wird von Existenzgründern und Jungunternehmern oft behauptet, daß es Lücken im erforderlichen Humankapital gibt und daß sie weder ihren tatsächlichen noch den notwendigen Wissensstand kennen und daher zumeist nicht in der Lage sind, Diskrepanzen zwischen vorhandenen und erforderlichen Kenntnissen zu erkennen.[94] Eine empirische Untersuchung von Unternehmungsgründern ergab, entgegen dieser Vermutungen und Behauptungen, daß sie gemessen am Bevölkerungsdurchschnitt, einen überdurchschnittlichen Ausbildungsstand besitzen.[95] 54% haben das Abitur erworben, 85% verfügen über eine technisch - betriebliche Ausbildung, 17% haben einen Meister- und 85% einen Hochschulabschluß, davon 10% mit dem Doktorgrad. Bezüglich der Berufserfahrung weisen die befragten Unternehmer mit einem Durchschnitt von 25 Jahren ebenfalls ein sehr hohes Niveau auf. Festzuhalten bleibt aber, daß ostdeutsche Neugründer über signifikant weniger Berufs- und Führungserfahrung verfügen, aber gerade um diese Jahre eher in die Selbständigkeit starten und der

---

[94] Vgl. Albach, H. (1998, S.4)
[95] Vgl. Herzog, M. (1996, S. 45)

Übergang zur Marktwirtschaft zu einer Entwertung der bei ihnen vorhandenen Kenntnisse geführt hat. Vor allem im Bereich der marktwirtschaftlichen Ausbildung besteht daher bei ihnen ein Defizit, was auch durch weitere empirische Untersuchungen zum Weiterbildungsbedarf in den neuen Bundesländern beziehungsweise zum Qualifikationsstand ostdeutscher Unternehmer bestätigt wird. Trotzdem sind diese Unternehmer von den eigenen Kenntnissen weitestgehend überzeugt, beteiligen sich relativ selten an Weiterbildungsmaßnahmen und lassen keine Systematik in der Weiterbildungsarbeit erkennen. Die Schlußfolgerung, daß Gründer im allgemeinen von einer zu positiven Eigeneinschätzung des vorhandenen Kenntnisstandes ausgehen und folglich ihre Fähigkeiten überschätzen liegt daher nahe, rechtfertigt aber keine Verallgemeinerung für alle Gründer. Hinsichtlich ihrer Weiterbildungsaktivität werden sie deshalb in vier Typen des Weiterbildungsverhaltens untergliedert.[96] Zum einen Personen, die bereits mit Weiterbildungen Erfahrungen gemacht haben. Wollen sie in Zukunft erneut teilnehmen, gehören sie zu den Weiterbildungsaktiven. Wollen sie dies nicht tun, gehören sie zu den Enttäuschten und Unzufriedenen. Zum anderen Personen ohne Erfahrung. Planen sie eine Teilnahme, werden sie zu den Weiterbildungsplanern gezählt. Tun sie dies nicht, sind sie in die Kategorie der Desinteressierten einzuordnen. Als Weiterbildungshemmnisse und Gründe für Enttäuschung sowie Desinteresse sind beispielhaft folgende zu nennen:[97]

1. Mangelndes Problembewußtsein und fehlende strategische Ausrichtung
   Aus Sicht der Experten ist dies das wichtigstes Hindernis für die Teilnahme an Weiterbildungsveranstaltungen. Gründer messen den Problemen, die durch Aus- und Weiterbildung beeinflußt werden können, eine relativ geringere Bedeutung zu als die Experten und auf individueller Ebene ist das Bewußtsein der Notwendigkeit des lebenslangen Lernens zu wenig verankert. Fortgeschrittenes Alter, familiäre Belastungen, andere Freizeitinteressen, der Glaube auch ohne kontinuierliche Qualifikation eine Chance zu haben sowie mangelnde Lernbereitschaft sind die wichtigsten Gründe für die Nichtteilnahme an Weiterbildungsmaßnahmen. Das Verständnis von Weiterbildung als Instrument zum Aufbau strategischer Erfolgspositionen ist

---

[96] Vgl. Gläser, J.; Institut für Mittelstandsökonomie Bonn, Institut für Mittelstandsforschung Bonn (1998, S.2)
[97] Vgl. Achermann, S.M. (1999, S.61)

in den Führungsebenen, also zumeist den Köpfen der Eigentümer vieler kleiner und auch mittlerer Unternehmungen nicht vorhanden. Erst wenn konkreter Problemdruck vorliegt, werden notwendige Maßnahmen eingeleitet und zusätzliche Qualifikationen nach dem Gießkannenprinzip realisiert. Dieses unsystematische Vorgehen führt zu Defiziten bei der unternehmungsspezifischen Bedarfsermittlung, beim Transfer der Lernergebnisse in die Praxis sowie bei der Erfolgskontrolle und führt aus unternehmerischer Sicht deshalb häufig zu Widerständen gegen Weiterbildungsmaßnahmen. Nicht zuletzt auch weil problematische Lohn- und Gehaltsforderungen oder das Abwandern der Mitarbeiter zur Konkurrenz, mangels betrieblicher Aufstiegsmöglichkeiten, befürchtet werden.

2. Zeit- und Kostenprobleme

Aufgrund der beschränkten personellen Ressourcen, relativ geringer Arbeitsteilung mit schwach ausgeprägter Spezialisierung und Delegation von Entscheidungskompetenz sowie dem Druck des Tagesgeschäftes kann Weiterbildung in Jungunternehmungen nicht professionell wie in Großunternehmungen ablaufen, sondern wird häufig von Interessierten selbst initiiert und ehrenamtlich betreut. Dem oft nicht direkt nachweisbaren oder nur geringen Nutzeneffekt der Maßnahmen stehen hohe finanzielle Aufwendungen in Form von Kursgebühren, Fahrt- und Unterbringungskosten, da die Tagungsorte meist weiter entfernt sind sowie Ausfallzeiten einzelner Mitarbeiter entgegen. Aus diesem Grund tendieren viele Gründer und Jungunternehmer dazu, die vergleichsweise besser quantifizierbaren, technischen den Investitionen ins das eigene und das Humankapital der Mitarbeiter vorzuziehen.

3. Angebotsprobleme und mangelnde Professionalität

Die Vielzahl der Angebote verschiedener staatlicher und privater Institutionen ist nur schwer überschaubar. Gerade für kleinere Unternehmungen, die hauptsächlich auf externe Anbieter angewiesen sind, stellt dies ein Problem dar. Sie haben oder nehmen sich nicht die nötige Zeit zum Vergleich und treffen deshalb nur eine willkürliche Auswahl, ohne zu überprüfen, ob die Maßnahme ihre individuellen Ansprüche erfüllt und Probleme löst. Daraufhin ist die Teilnehmerstruktur sehr heterogen und erfordert Abstraktionen sowie Verallgemeinerungen im Lehrangebot, so daß unternehmungsspezifische Gegebenheiten und Bedürfnisse mitunter nicht berücksichtigt werden.

Unternehmer erleben dies als Praxisferne und sehen sich mit unqualifizierten Dozenten konfrontiert.

Zum Abbau dieser Weiterbildungshindernisse und zur Stärkung der Bereitschaft der Gründer und Jungunternehmer die eigene und die Qualifikation ihrer Mitarbeiter permanent zu verbessern, sollen folgende Empfehlungen dienen.[98] Dabei muß sowohl von institutioneller wie auch von unternehmerischer Seite ein Beitrag geleistet werden. Die Angebotstransparenz ist durch gründungsspezifische Medien wie zum Beispiel die Publikation „Gründerzeiten", das Internet sowie entsprechende Veranstaltungen im Rahmen von Gründungsoffensiven zu erhöhen und das Thema der unternehmerischen Qualifikation in die betroffenen Zielgruppen hineinzutragen, wobei dies in jeweils engen geographischen Umkreisen gesondert erfolgen sollte. Besonders geeignet erscheinen positive Erfahrungsberichte erfolgreicher Gründer und Checklisten zur Bestimmung des entsprechenden Weiterbildungsbedarfes sowie zur Auswahl des korrespondierenden Angebotes. So können auch Unternehmungsgründer und Jungunternehmer das Management ihrer eigenen Qualifikation mit geringem Zeitaufwand selbst gestalten. Die Zertifizierung der Weiterbildungsinstitutionen nach DIN ISO 9000ff und die Formulierung einheitlicher Qualitätsstandards für die Anbieter (Erfahrungsnachweise und fachlich, pädagogische Aus- und Weiterbildung der Seminarleiter, Anforderungen an die Maßnahmen bezüglich der Anzahl der Teilnehmer, der Methoden und Medien sowie letztlich Erfolgsbeobachtung und -dokumentation) wie auch für die Nachfrager (Katalog zur Identifizierung des Bedarfs und des geeigneten Veranstalters) wird die Unsicherheit bezüglich der Qualität von Weiterbildungsmaßnahmen abbauen. Im Zusammenspiel von Angebot und Nachfrage können dann Verbesserungen der inhaltlichen Ausgestaltung vorgenommen werden. Erwähnenswert sind hierzu die Spezifizierung der Weiterbildungsinhalte nach Zielgruppen, die Verstetigung der Maßnahmen auch in der Nachgründungsphase, die Betonung der Umsetzung des erlernten Wissens, die verstärkte Einbeziehung der soft facts in die Wissensvermittlung und die Diskussion des Wertewandels zum positiven Unternehmerbild. Dabei sollte es nicht Aufgabe des Aus- und Weiterbildungssystems sein, möglichst viele Unternehmungsgründungen anzuregen, sondern bestehende Jungunternehmer verstärkt zu unterstützen, so daß

---

[98] Vgl. Gläser, J., Institut für Mittelstandsökonomie Trier, Institut für Mittelstandsforschung Bonn (1998)

anstelle staatlicher Einflußnahme mehr unternehmerische Eigeninitiative und Selbstverantwortung für das eigene Know-how tritt. Die Beschaffung und Nutzung effizienter Informations- und Kommunikationssysteme bilden dazu einen ersten Schritt.

Informations- und Kommunikationssysteme sind die technische Voraussetzung für eine unternehmerische Wissensbasis und dienen der Informationsbeschaffung, -verarbeitung, -aufbewahrung sowie -nutzung und ermöglichen es, Chancen und Risiken genauer zu analysieren, Situationen besser einzuschätzen sowie Ressourcen gezielter einzusetzen und dadurch eine höhere Produktivität und einen erheblichen Wettbewerbsvorteil zu erreichen.[99] Informationen über alle Gebiete sind heute wesentlich schneller und leichter verfügbar als je zuvor und stellen neben den herkömmlichen Produktionsfaktoren, wie körperlicher Arbeit, geistiger Arbeit (Humankapital), Finanzmitteln (Kapital) und Betriebsmitteln eine weitere wichtige Ressource der Unternehmung dar. Kommunikation auf der anderen Seite nimmt eine zentrale Stellung bei der Gestaltung zwischenmenschlicher Beziehungen zum Beispiel mit Vorgesetzen, Mitarbeitern, der Öffentlichkeit und vor allem mit Kunden ein und ist Voraussetzung für die wirtschaftliche Aktivität dieser Gruppen. Sie ist der Prozeß, der die Informationsübermittelung zwischen Personen innerhalb und außerhalb der Unternehmung ermöglicht. Innerhalb der Unternehmung geht es darum, die Mitarbeiter für die Unternehmungsziele zu gewinnen, außerhalb müssen die Ziele der Unternehmung mit den Interessen der Kunden verbunden werden. In Anlehnung an Peters/Waterman hat sich dabei die Wahrung einiger, bereits genannter Grundtugenden, die Einfluß auf die Unternehmungs- und somit auch Kommunikationskultur nehmen und die kommunikative Kompetenz bestimmen, als erfolgsfördernd herausgestellt.[100] Information und Kommunikation, als grundlegende Bestandteile des Kommunikationssystems einer Unternehmung bedingen demnach einander und werden aufgrund ihres sehr engen Zusammenhanges gelegentlich gleichgesetzt. Das Kommunikationssystem einer Unternehmung wiederum ist mit dem zentralen Nervensystem eines Menschen vergleichbar, denn beide erleiden durch verzögerte oder verfälschte Weitergabe von Informationen Defekte, die leistungs- und effektivitätsmindernde Wirkung auf das Gesamtsystem haben. Für die betriebliche Praxis ist die wettbewerbsorientierte Nutzung moderner Kommunikationssysteme

---

[99] Vgl. Nagel, K. (1994, S.80)
[100] Vgl. Höhler, G. (1993, S.39-40)

nach wie vor von höchster Aktualität wobei diese komplexe, künstlich-organisatorische Gesamtheiten mit einer oder mehreren Schnittstellen zu informationsverarbeitenden Individuen darstellen. Sie bestehen aus sehr unterschiedlichen Hardware-, Software-, Orgware- und Brainwarekonstellationen und werden vom Menschen gestaltet, implementiert und zielgerichtet zur Bewältigung bestimmter Aufgaben eingesetzt.[101] Die technischen Entwicklungen sowie die gestiegenen Anforderungen an den Einsatz dieser Systeme haben in den letzten Jahren zu einer Vielzahl neuer Systemkategorien geführt.[102] Diese sind nur schwer zu unterscheiden und sollen lediglich beispielhaft genannt werden: Transaktions-, Managementinformations-, Entscheidungsunterstützungs-, Experten-, Büroautomations- und Telekommunikationssysteme sowie technische und strategische Informationssysteme. Von Gründern werden derartige Techniken und Technologien eher zurückhaltend genutzt. Neben den etablierten Telekommunikationsanlagen mit Telefon und Telefax bei 77% der Unternehmungen sind neue Medien wie E-Mail bei 19%, Internet bei 21% und Online-Dienste bei 34% der neugegründeten und jungen Unternehmungen klar auf dem Vormarsch.[103] Sie bieten bisher nicht abzuschätzende Möglichkeiten bei der Unterstützung des Management, da auf große Informationsmengen zu jedem Thema, innerhalb nur kurzer Zeit zugegriffen werden kann. Die Anzahl der in einer Unternehmung eingesetzten und gleichzeitig genutzten, unterschiedlichen Informationssysteme steht dabei in direktem Zusammenhang mit dem Erfolg und ist ein guter Indikator für die Wettbewerbsfähigkeit einer Unternehmung. Es gilt: Je hochwertiger und zahlreicher die Ausstattung mit neuen Informations- und Kommunikationstechnologien ist, desto besser ist die Wettbewerbsposition.[104] Begründen läßt sich dies mit daraus entstehenden Vorteilen durch effizientere Kommunikation innerhalb der Unternehmung, die positive Wirkung auf das Controlling und die Unternehmungsplanung hat, aber auch durch Verbesserung der Informationsschnittstelle nach außen, wodurch die Kommunikation mit den Lieferanten und hauptsächlich mit dem Kunden intensiver gestaltet werden kann. Die daraus resultierenden gewinnsteigernden Effekte wurden in empirischen Studien untersucht und belegen, daß Marktorientierung und Kundennähe wichtige

---

[101] Vgl. Rüttler, M. (1991, S.52)
[102] Vgl. Krallmann, H. (1987, S.109f)
[103] Vgl. Heil, H.A. (03/1999, S.11)
[104] Vgl. Wittstock, M. (1987, S.70-71)

Erfolgsfaktoren für mittelständische Unternehmungen sind. Denn nur wenn die Anforderungen des Marktes den Ausgangspunkt aller unternehmerischen Entscheidungen bilden und der Unternehmer sich als Anbieter von Leistungen zur Befriedigung der Bedürfnisse der Kunden sieht, kann die Wettbewerbsfähigkeit der Unternehmung langfristig gesichert werden. Für neugegründete Unternehmungen bedeutet dies, daß die Entwicklung und Produktion von Gütern und der Neuigkeitsgrad sowie die Beherrschung von Technologien allein keinen Erfolgsgarant darstellen, sondern durch frühzeitiges Erkennen der Bedürfnisse und Anforderungen des Marktes und aktive Gestaltung der Beziehung zwischen Unternehmung und Kunde ergänzt werden müssen. Trotz des hohen Wettbewerbdrucks, gerade in jungen Unternehmungen, besteht diese markt- und kundenorientierte Denkhaltung häufig noch nicht. Die Ansicht Marketing sei Werbung, kurzfristig und aktionsbezogen ist noch weitverbreitet. Aber bereits in der Phase der Unternehmungsgründung spielen Marketingaufgaben, wie die Potentialanalyse zur Bestimmung der Chancen und Risiken des Marktes sowie der Stärken und Schwächen des Jungunternehmers und die Aktionsplanung im Rahmen des Marketing-Mix eine entscheidende Rolle.[105] Während der Gründungs- und Konsolidierungsphase werden diese durch eine Reihe von Besonderheiten junger Unternehmungen erschwert und ihre Umsetzung erweist sich deshalb oft als schwierig und problematisch.[106] Einerseits erfordert der unzureichende Bekanntheitsgrad und fehlende Kundenstamm sowie die mangelnde Akzeptanz und Unentschlossenheit der Kunden eine kostenintensive Gestaltung des eigenen Markteintritts mit Aufbau eines positiven Unternehmungsimages. Andererseits begrenzt die geringe Eigenkapitaldecke sowie Finanzkraft die dafür zur Verfügung stehenden Mittel. Der Einsatz von Marketingspezialisten ist oft nicht finanzierbar und für die selbständige Anwendung der Marketinginstrumente fehlt die notwendige Kenntnis. Insbesondere weil Kundennähe auch zukünftig einen strategischen Erfolgsfaktor darstellt, ist es notwendig durch Teilnahme an Kursen und Beratungen Marketingwissen zu erlangen, durch frühzeitige Finanzbedarfs- und -bedarfsdeckungsplanung finanzielle Stabilität zu sichern und Investitionen in das Firmenimage einzubeziehen. Markt- und kundenorientiertes Denken und Handeln muß in den Köpfen aller Beteiligten verankert werden, weil dadurch eine

---

[105] Vgl. Zanger, C. (1999, S. 97-98)
[106] Vgl. Zanger, C. (1999, S. 99 u.107)

vertrauensgeprägte, partnerschaftliche Beziehung zum Kunden möglich wird und alle Stadien der Geschäftsabwicklung aus seiner Blickrichtung gesehen werden. Die Unternehmungen ist dadurch in der Lage, Bedürfnisse der Endverbraucher zu antizipieren und rechtzeitig entsprechende Lösungsvorschläge anzubieten.[107] Die Herausbildung einer Dienstleistungsmentalität gewinnt in diesem Zusammenhang immer mehr Bedeutung und beinhaltet die Einstellung der Akteure, Dienste leisten zu wollen, zu können und zu dürfen. Sowohl die organisatorische Art und Weise der Leistungserbringung als auch fachliche, soziale und methodische Kompetenzen haben dabei entscheidenden Einfluß auf die Beurteilung einer Dienstleistung durch den Kunden. So reicht es nicht aus, in jeder Hinsicht fachlich zu überzeugen, sondern der Kunde muß das Gefühl haben, mit dem Mitarbeiter aktiv zu kommunizieren und seine individuellen Bedürfnisse verstanden wissen.[108] Obwohl die Dienstleistungsmentalität einen entscheidenden Wettbewerbsfaktor darstellt, hat sie sich in Deutschland noch nicht genügend herausgebildet. Neben Aktivitäten der Unternehmer dieser Problemsituation mit konkreten Lösungsansätzen zu begegnen, muß dieses Thema im Rahmen der deutschen Mittelstandspolitik und Standortdiskussion Beachtung finden. Eine umfassende Unternehmungssteuerreform beispielsweise könnte dazu beitragen, die Abgabenlast insbesondere der mittelständischen Unternehmungen zu senken und dadurch menschliche Arbeit für Unternehmer bezahlbar sowie für Arbeitnehmer lohnend machen und auf diese Weise den freundlichen Dienst am Kunden zusätzlich fördern. Der nun folgende Abschnitt greift deshalb die bereits angesprochenen Auswirkungen derzeitiger Rahmenbedingungen und die deutlich gewordene Notwendigkeit, das gesellschaftspolitische Umfeld der kleinen und mittleren Unternehmungen zu verbessern noch einmal auf.

3.2 Auswirkungen gesellschaftspolitischer Rahmenbedingungen auf den Erfolg mittelständischer Unternehmungen

In der Diskussion um die Rahmenbedingungen für mittelständische Unternehmungen werden vor allem Maßnahmen zur Entbürokratisierung und Deregulierung, Verringerung der Steuern und Abgaben und Verbesserung des Zugangs zum Kapitalmarkt sowie zum Übergang zu einer überschaubaren

---

[107] Vgl. Schmidt, A.; Freund, W. (1989, S.45f.)
[108] Vgl. Lott, U.; Gramke, V. (1999, S. 64f)

Basisförderung betont.[109] So wie in der Wirtschaft die schlanke Unternehmung für Dynamik und Effizienz steht, wird angesichts der öffentlichen Haushaltsdefizite der schlanke Staat als Voraussetzung für Stabilität und Wachstum gesehen. Insbesondere der Abbau der überzogenen Staatsbürokratie würde Bearbeitungszeiten senken und das Ausmaß der Bürokratieüberwälzung verringern. Diese beschreibt alle Vorgänge, bei denen Verwaltungsleistungen beziehungsweise berechenbare, finanzielle Lasten von bürokratisierten Organisationen auf die Wirtschaft und Gesellschaft weitergegeben werden und damit vorwiegend mittelständische Unternehmungen belasten. Gerade in der Gründungsphase sind es speziell die Gewerbeanzeige- sowie Anmeldungs- und Genehmigungspflichten sowie die damit verbundenen Kosten, die sich erschwerend auf den erfolgreichen Verlauf der Unternehmungsentwicklung auswirken. Etwa jede sechste Gründung wird beispielsweise durch langwierige Genehmigungsverfahren, die nach Auffassung der Betroffenen auf willkürliches Handeln einzelner Behördenmitarbeiter zurückzuführen sind, bis zu zwölf Monate verzögert. Ursache ist unter anderem die Vielzahl der behördlichen Zuständigkeiten und die daraus folgende Undurchsichtigkeit des Verfahrens für den Gründer. Die vom Antragsteller beizubringenden Unterlagen sowie zu erfüllenden Voraussetzungen vielfach nicht klar definiert und variieren von Behörde zu Behörden und Auflagen werden nicht bei Beginn des Verfahrens festgelegt, sondern nacheinander, in mehreren Schritten nachgeschoben.[110] Beides hat unnötig lange Bearbeitungszeiten zur Folge. Während der laufenden Wirtschaftstätigkeit innerhalb der Konsolidierungsphase muß weiterhin einer Vielzahl von verwaltungs-, steuer-, privat-, gesellschafts- und vertragsrechtlicher Regelungen und Vorschriften Rechnung getragen werden. Daneben zwingt die gestiegene Zahl der Gesetze, Verordnungen und Richtlinien mit zahlreichen Einzelreglungen und Ausnahmebestimmungen, deren Detaillierungsgrad sowie häufige Änderung, der komplizierte Umgang mit Behörden und die Unverständlichkeit der Gesetzessprache die Unternehmer einen großen Teil ihrer Zeit für administrative Vorgänge zu opfern und zusätzliche Hilfe von externen Experten in Anspruch zu nehmen und zu bezahlen.[111] In einer Unternehmung mit bis zu 9 Beschäftigten beläuft sich die zeitliche Belastung pro Jahr und

---

[109] Vgl. Richter, H.-J. (1997, S.11)
[110] Vgl. Skambracks, D. (05/1999, S.5-8)
[111] Vgl. Clemens, R.; Kokalj, L.; Hauser, H.E. (1995, S.4-5)

Mitarbeiter auf 61,9 Stunden. Bei 10 bis 19 Beschäftigten müssen 33,2 Stunden unentgeltlich für den Staat gearbeitet werden, wogegen Unternehmungen mit 20 bis 49 Beschäftigten nur noch gut die Hälfte dieser Zeit aufwenden und die Belastung in den folgenden Größenklassen mit 50 bis 90 und 100 bis 499 Beschäftigten zwar mit verringerter Rate, aber dennoch weiter sinkt. Im Vergleich wenden Großunternehmungen 5,5 Stunden pro Jahr und Arbeitnehmer auf, wodurch die relativ höhere Belastung der mittelständischen Unternehmungen klar zum Ausdruck kommt. Sie kann wie folgt begründet werden:[112]

1. Administrativbedingte Leistungen haben hohen Fixkostencharakter und treffen alle Unternehmungen unabhängig von ihrer Größe gleichermaßen.

2. Durch den niedrigen Grad der Arbeitsteilung und Spezialisierung in Kleinunternehmungen ist der Unternehmer selbst in jeden Vorgang involviert und muß im Gegensatz zum Unternehmer in Großbetrieben 204 statt 115 Stunden seiner Zeit der Erfüllung bürokratischer Pflichten aufwenden.

3. In neugegründeten und jungen Unternehmungen besteht bei der Erledigung administrationsbedingter Aufgaben zumeist kaum Routine, weshalb sie für Einführungsarbeiten und sukzessiv auftretende, erstmalig zu erledigende, bürokratische Tätigkeiten viel mehr Zeit benötigen.

Aber auch der finanzielle Aufwand sinkt stark mit zunehmender Unternehmungsgröße. Für Kleinunternehmungen, die fast 80% des deutschen Mittelstandes repräsentieren, liegt die durchschnittliche Belastung mit Bürokratiekosten pro Jahr und Arbeitsplatz um das 22fache höher als bei Großunternehmungen. Verursacht die Bürokratieüberwälzung in Kleinunternehmungen 6.837 DM Kosten je Beschäftigten im Jahr, so sind es in Unternehmungen mit mehr als 500 Arbeitnehmern nur 305 DM je Beschäftigten.[113] Möglichkeiten zur Belastungsreduktion werden vorwiegend im Bereich der Steuern und Abgaben gesehen. Neben der allgemeinen Vereinfachung der Steuergesetzgebung sind folgende Tatbestände hervorzuheben:[114]

1. Vereinfachung des Umsatzsteuersystems und Entlastung durch Verringerung der Frequenz der Steueranmeldungen sowie Streckung und Zusammenfassung der Steuerprüfungen.

---

[112] Vgl. Clemens, R.; Kokalj, L.; Hauser, H.E. (1995, S.51f.)
[113] Vgl. Clemens, R.; Kokalj, L.; Hauser, H.E. (1995, S.56ff.)
[114] Vgl. Clemens, R.; Kokalj, L.; Hauser, H.E. (1995, S.66)

2. Vereinheitlichung der Bewertungsrichtlinien, Steuerformulare und Belegverwaltung sowie Verringerung steuerrechtlicher Detail- und Ausnahmeregelungen.

3. Senkung der direkten Steuer- und Abgabenlast der Unternehmungen durch eine umfassende Reform der Unternehmungsbesteuerung mit Abschaffung der Gewerbesteuer und ertragsunabhängiger Steuern sowie Gleichbehandlung der Kapital- und Personengesellschaften.

4. Verstärkung des Subventionsabbaus und der Privatisierungsanstrengungen kommunaler Betriebe, denen keine hoheitlichen Aufgaben obliegen.

Weitere Verbesserungsvorschläge zum Abbau von Bürokratiehemmnissen und zur Förderung der Entfaltungsmöglichkeiten von Unternehmungsgründungen wurden im Rahmen einer Panelbefragung zusammengetragen und sollen nachfolgend genannt werden.[115]

1. Einrichtung flexibler Öffnungszeiten in der öffentlichen Verwaltung.

2. Errichtung kompetenter, öffentlicher Anlaufstellen vor Ort, die alle Verwaltungsaufgaben zentral erledigen.

3. Herausgabe von Leitfäden durch die Kommunen, welche Genehmigungen erforderlich sind, wo sie beantragt werden, welche Unterlagen und Voraussetzungen beizubringen und Fristen einzuhalten sind.

4. Stärkere Nutzung der Entscheidungs- beziehungsweise Ermessensspielräume durch Behördenmitarbeiter.

5. Erhöhung der Transparenz der Beratungsangebote und staatlichen Fördermöglichkeiten für Existenzgründer und Jungunternehmer.

In der Phase der Gründung und Konsolidierung stehen Gründern und Jungunternehmern das Bundesministerium für Wirtschaft und Technologie, die Wirtschaftsministerien der Länder, die Industrie-, Handels- und Handwerkskammern, Existenzgründungs- und Technologiezentren, die Deutsche Ausgleichsbank, die Kreditanstalt für Wiederaufbau sowie verschiedene mittelstandsnahe Verbände, Agenturen und Experten als kompetente Berater zur Verfügung. Ebenso viele verschiedene Anlaufstellen und Möglichkeiten gibt es für die finanzielle Förderung von Gründungen und jungen Existenzen. Zum Beispiel durch Mittel des European Recovery Program (ERP), die ursprünglich im Zusammenhang mit der Marshall-Plan-Hilfe für den Wiederaufbau der deutschen

---

[115] Vgl. Skambracks, D. (05/1999, S.10)

Wirtschaft bereitgestellt wurden und nun als Sondervermögen des Bundes weiterhin verfügbar sind. Dazu gehören das ERP Existenzgründungs-, Eigenkapitalhilfe-, Regional-, Aufbau-, Ausbildungsplätze-, Beteiligungs-, Innovations-, Umwelt- und Energiesparförderprogramm. Weiterhin durch Mittel der Deutschen Ausgleichsbank (DtA) mit dem DtA Existenzgründungsprogramm, Startgeld, Betriebsmitteldarlehen, Technologie-Beteiligungs-, Bürgschafts- und Umweltprogramm sowie dem Konsolidierungs- und Beteiligungsfond-Ost. Außerdem durch Mittel der Kreditanstalt für Wiederaufbau (KfW) mit dem KfW Mittelstands-, Technologie-Beteiligungs-, Risikokapital- und Umweltprogramm sowie dem Beteiligungsfonds Ost.[116] Dazu kommen noch vielfältige Förderprogramme des Bundes und der Länder. Alle haben unterschiedliche Konditionen und für alle müssen unterschiedliche Förderkriterien erfüllt sowie Fristen gewahrt werden. Bei der Wahl der Programme sind demnach sowohl die zu erfüllenden Voraussetzungen als auch die damit einhergehenden Konditionen klar zu analysieren, um das für den jeweiligen Zweck passende Programm zu finden. Für diesen oft langwierigen, ermüdenden Prozeß benötigen Gründer und Jungunternehmer derzeit noch dringend professionelle Beratung, die nicht immer kostenfrei ist und viel Zeit in Anspruch nimmt. In neugegründeten Unternehmungen ist beides nicht in ausreichendem Maße vorhanden, weshalb die Undurchsichtigkeit der möglichen Förderung durch Beratung oder finanzielle Unterstützung für viele Jungunternehmer eine Hürde darstellt, sie davon abhält fördernde Maßnahmen in Anspruch zu nehmen und ihren unternehmerischen Erfolg damit entscheidend behindert. Deutlich wird dies durch den Vergleich der Aufgabequote geförderter mit ungeförderten Unternehmungen, die sich für Unternehmungen mit einer der oben genannten Form staatlicher Förderung halbierte und nach sieben Jahren nur noch bei knapp 10% lag.[117] Die Erhöhung der Transparenz der Fördermöglichkeiten und der Übergang zu einer allgemeinen Basisförderung stellt demnach eine wünschenswerte Verbesserung der Bedingungen kleiner und mittlerer Unternehmungen dar und beeinflußt deren unternehmerischen Erfolg positiv.

Ein weiteres Problem für Jungunternehmungen besteht im Zugang zum Kapitalmarkt. Die Überarbeitung bestehender Finanzmarktgesetze stellt hierbei

---

[116] Vgl. Bundesministerium für Wirtschaft und Technologie (01/2000, S.46), (09/1999), (07/1999, S.15-31) sowie Bundesministerium für Bildung und Forschung (07/1999)
[117] Vgl. Struck, J. (02/1999, S.10)

einen ersten Schritt zur Verbesserung der Versorgung mittelständischer Unternehmungen mit ausreichendem Risikokapital dar.[118] Insbesondere bei Existenzgründungen werden nach Umfragen der Deutschen Ausgleichsbank in westdeutschen Kreditinstituten zu 84% die zu geringe Eigenkapitalsituation und zu 75% die nicht ausreichenden Sicherheiten sowie Zweifel an der Rentabilität des Vorhabens als Kreditablehnungsgründe genannt. Die Finanzierung der Gründung und Konsolidierung einer Unternehmung über Beteiligungen und dem dadurch zur Verfügung stehenden Risikokapital oder auch Venture Capital hat deshalb in Deutschland an Bedeutung gewonnen. Derartiges Kapital hat Eigenkapital-Charakter und wird durch Kauf von Unternehmungsanteilen (direkte Beteiligung) oder Kapitaleinlage beziehungsweise eigenkapitalähnliche Darlehen (stille Beteiligung) in die Unternehmungen eingebracht. Die direkte Beteiligung wird von renditeorientierten Beteiligungsgebern und Investoren bevorzugt, da sie als Teilhaber die Möglichkeit haben nicht nur finanzielle Unterstützung zu geben, sondern auch Management-Know-how sowie vorhandene Kontakte einzubringen und dadurch die Entwicklung und Rentabilität des Vorhabens zu beeinflussen. Die stille Beteiligung wird dagegen von förderorientierten Beteiligungsfirmen bevorzugt.[119] Beide Formen sind mit Kontroll-, Informations- und Mitentscheidungsrechten verbunden, haben erheblichen Hebeleffekt auf die Gesamtfinanzierung und beinhalten die in (Bild 10) dargestellten Vor- und Nachteile.

• Stärkung der Eigenkapitalbasis und Erhöhung des Finanzierungsspielraumes auch für Nachfinanzierungen.
• Finanzierung der Unternehmung als Ganzes und damit weniger restriktive Abgrenzung vorhabensbezogener Aufwendungen.
• Bei stillen Beteiligungen keine Abgabe von Gesellschaftsanteilen, geringe Eingriffsrechte durch den Beteiligungsgeber, niedriges und gewinnunabhängiges Beteiligungsentgelt.
• Bei direkten Beteiligungen kein Beteiligungsentgelt, keine Rückzahlung des Kapitals.
• Interesse des Kapitalgebers am Erfolg der Unternehmung und daher Prüfung des Vorhabens unter Wirtschaftlichkeitsaspekten, Unterstützung bei strategischen Entscheidungen und kaufmännischen Problemen sowie Bereitstellung der Netzwerke für beispielsweise Kundenakquisition.
Nachteile

---

[118] Vgl. Seidel, U. (1997, S.147)
[119] Vgl. Pleschak, F.; Kulicke, M.; Stummer, F. (09/1998, S.6)

• Probleme bei der Suche nach geeigneten Beteiligungsgebern.
• Hohe Anforderungen an Wachstums- und Renditepotential sowie Managementqualifikation.
• Bei direkter Beteiligung Abgabe von Unternehmungsanteilen mit nur geringem Einfluß auf den Verkauf durch den Beteiligungsgeber.
• Bei stillen Beteiligungen Liquiditätsbelastung durch Beteiligungsentgelte und Rückzahlung des Kapitals am Ende der Laufzeit.

Bild 9: Übersicht über Vor- und Nachteile einer Beteiligungsfinanzierung[120]

Dabei darf nicht vergessen werden, daß Venture Capital im Wettbewerb mit anderen Anlageformen, wie zum Beispiel Immobilieninvestitionen, Leasingfonds, Schiffsbeteiligungen und Filmproduktionen im Wettbewerb stehen und in Frage kommende Investoren von den kapitalsuchenden Unternehmungen nur durch klare Konzepte und deutliche Darstellung der zu erwartenden Renditen überzeugt werden können. Außerdem muß die in Deutschland nur unzureichende steuerliche Förderung der Kapitalanlage innerhalb der Steuerreform Berücksichtigung finden, um die Herausbildung einer neuen Anlegermentalität zu begünstigen.[121]

Insgesamt gesehen sind Möglichkeiten zur Verbesserung der Rahmenbedingungen für den Mittelstand in Deutschland vor allem in den Bereichen der Steuer-, Förder- und Kapitalmarktpolitik zu sehen und haben vor dem Hintergrund der Wettbewerbs-, Innovations-, Beschäftigungs- und Ausbildungsfunktion mittelständischer Unternehmungen die Förderung einer neuen Kultur der Selbständigkeit zum Ziel.[122] Der nun folgende Abschnitt soll die genannten Erkenntnisse der Erfolgsfaktorenforschung zusammenfassen und auf Unternehmungsgründungen übertragen.

3.2 Anwendung von Erkenntnissen der Erfolgsfaktorenforschung bei der Unternehmungsgründung und -konsolidierung

Die Sicherung der Wettbewerbs- und Überlebensfähigkeit einer Unternehmung beginnt bereits in deren Vorgründungsphase mit der Festlegung der Vision im Rahmen des normativen Management. Diese kann sowohl quantitativen (Wir wollen unseren Gewinn/Marktanteil maximieren.) als auch qualitativen (Ziel ist es Marktführer zu sein.) Charakter besitzen. Weitere, ausschließlich quantitative

---

[120] Vgl. Pleschak, F.; Kulicke, M.; Stummer, F. (09/1998, S.8)
[121] Vgl. Götzinger, P. (1995, S.76ff)
[122] Vgl. Frick, S.; Lagemann, B.; Rosenblatt, B. von (1998, S.36)

Einflüsse auf den Erfolg einer Unternehmung werden im Rahmen des PIMS Programms untersucht. Der Return on Investment, als Maßzahl für den Erfolg wird entsprechend der Auswertungen hauptsächlich von vier Faktoren beeinflußt. Dabei korreliert die Zunahme des Marktanteils sowie die Erhöhung der Qualität positiv mit diesem, der Anstieg der Investmentintensität dagegen wirkt sich negativ aus und die Steigerung der vertikalen Integration kann sowohl positive als auch negative Effekte haben.

Diese Kennzahlen stellen langfristig beeinflußbare Erfolgsfaktoren dar und dienen auf der Ebene des strategischen Management als Indikatoren für die Ertragslage einer Unternehmung. Während der Gründungsphase dienen sie der Konkretisierung der Vision und sind Bestandteil des Businessplanes. In der dann folgenden Konsolidierungsphase müssen sie fortwährend überprüft und gegebenenfalls angepaßt werden. Im Rahmen des operativen Management ist in Jungunternehmungen häufig die Nutzung des Quick-Test zur schnellen Überprüfung und kurzfristigen Steuerung der Ertragslage sowie finanziellen Stabilität zu beobachten. Diese Kennzahlen können mit operativen Maßnahmen gesteuert werden und dienen dem Jungunternehmer als Frühwarnsystem. Demgegenüber sind die von Peters und Waterman genannten Grundtugenden unternehmerischen Handelns qualitativ ausgerichtet. Für neugegründete Unternehmungen sind vor allem die Nähe zum Kunden, die Produktivität durch den Menschen und das sichtbar gelebte Wertesystem sowie die straff-lockere Führung von Relevanz. Da während der Gründung und Konsolidierung zumeist nur eine Aktionseinheit mit voller Entscheidungsfreiheit in einem Geschäftsfeld tätig ist, gewinnen die Bindung an das angestammte Geschäft, der Primat des Handelns und der Freiraum für Unternehmertum erst in der Wachstumsphase einer Unternehmung an Bedeutung. Die Nähe zum Kunden wird dabei auf normativer Ebene durch die Herausbildung einer Dienstleistungsmentalität begründet, auf strategischer Ebene durch die Planung des erforderlichen Marketing–Mix konkretisiert und innerhalb des operativen Marketingmanagement umgesetzt und realisiert. Das Verständnis, daß Produktivität durch den Menschen entsteht und die dazu notwendige Qualifikation, durch Ausbildung erworben sowie Weiterbildung permanent erneuert werden muß, wird auf normativer Ebene durch eine Kultur, ein Klima des lebenslangen Lernens gefördert. Auf strategischer Ebene entwickelt sich dieses Verständnis zu der Erkenntnis, daß Qualifikation ein wichtiger Erfolgsfaktor ist und wird durch langfristige Planung von Weiterbildungsmaßnahmen und die Etablierung einer unternehmerischen Wissenbasis in die Unternehmung getragen. Im Rahmen des operativen Personalmanagement ist diese durch Sicherung der kontinuierlichen Teilnahme aller Unternehmungsmitglieder an entsprechenden Veranstaltungen sowie intensive Nutzung der unternehmerischen Wissensbasis zu festigen. Die dazu notwendigen Kommunikationssysteme bilden gleichzeitig die Grundlage für ein sichtbar gelebtes Wertesystem. Das innerhalb des normativen Management durch die unternehmungsspezifische Kommunikationskultur zum Ausdruck kommt und sowohl im strategischen als auch operativen Personal- und Marketingmanagement Umsetzung findet. Weiterhin stellen gesellschaftspolitische Rahmenbedingungen ebenfalls Faktoren dar, die den Erfolg neugegründeter mittelständischer Unternehmungen beeinflussen. Sie können im Gegensatz zu den genannten quantitativen wie auch qualitativen Faktoren jedoch nur geringfügig vom Unternehmer selbst gestaltet werden. Bezüglich der Staatsbürokratie, des Steuer- und Fördersystems sowie des Zugang zum Kapitalmarkt wurden derzeit vorherrschende Bedingungen negativ für den Erfolg mittelständischer Unternehmungen beurteilt, weshalb Maßnahmen zu deren Verbesserung gefordert werden und bereits Gegenstand zahlreicher Diskussionen sind. Das Fehlen eines einheitlichen theoretischen Konzepts, das alle bisher identifizierten und untersuchten erfolgsrelevanten Einflüsse berücksichtigt, verdeutlicht einerseits, wie schwer das Problem der Erfolgsfaktoren konzeptionell und methodisch zu bearbeiten ist. Die vielfältigen Ansätze Erfolg, Erfolgsmaße und -faktoren zu definieren, zeigen, daß die Suche nach allgemeingültigen Faktoren, die Erfolg garantieren und Mißerfolg in jedem Fall verhindern wenig Sinn hat, Chancen ungenutzt und Risiken beziehungsweise Krisen unbeachtet läßt. Denn gleiche Handlungsweisen können eine Unternehmung zum Erfolg, eine andere dagegen zum Mißerfolg führen und die erneute Anwendung erfolgreicher Maßnahmen der Vergangenheit haben heute unter Umständen krisenhafte Zustände in der gleichen Unternehmung zur Folge. Empirische Untersuchungen und vorhandene Statistiken belegen zwar die positive wie auch negative Wirkung bestimmter Faktoren, können jedoch aufgrund der stets zunehmenden Dynamik und daraus folgende Komplexität des wirtschaftlichen und gesellschaftlichen Umfeldes nicht auf die Zukunft bezogen werden. Das heißt, daß nur eine ganzheitliche Betrachtungsweise aller für die jeweilige Unternehmung relevanter Einflüsse auf allen Managementebenen und die Erstellung eines unternehmungsspezifischen

Konzeptes für die momentane Entwicklungsstufe der Unternehmung erfolgsfördernd ist. Für junge Unternehmungen in der Gründung und Konsolidierung bedeutet dies bereits in dieser normative und strategische Aspekte einzubeziehen, um ein Versinken im Alltagsgeschäft zu verhindern und auch in turbulenten Zeiten die nachhaltige Verfolgung langfristiger Ziele und Visionen zu sichern. Dazu ist es notwendig sowohl durch Eigeninitiative der Gründer und Unternehmer als auch durch staatliche Maßnahmen das Management und das Umfeld mittelständischer und insbesondere neugegründeter Unternehmungen zu professionalisieren und zu verbessern. Die dabei nützliche ganzheitliche Betrachtung des normativen, strategischen und operativen Management und die Einordnung der genannten erfolgsfördernden Elemente in diese Ebenen wird in (Bild 10) zusammenfassend dargestellt.

	direkt beeinflußbar		indirekt beeinflußbar
	Qualitative Aspekte	Quantitative Aspekte	Gesellschaftspolitische Aspekte
Normative Elemente	Schaffung einer Dienstleistungskultur Kultur des lebenslangen Lernens Kommunikationskultur		
Strategische Elemente	Erstellung eines/einer Businessplan mit Marketing-Mix Langfristigen Planung zur Weiterbildung und zum Aufbau einer Wissensbasis Nutzung eines Kommunikationssystems	Nutzung der PIMS-Datenbank Martktanteil Qualtität Investmentintensität Vertikale Integration Return on Investment	Abbau der Bürokratie Unternehmungs-steuerreform Einführung Basis-förderung Verbesserung Zugang zum Kapitalmarkt
Operative Elemente	Ausgestaltung des Personlmanagement Marketingmanagement Finanzmangement	Anwendung des Quicktests Eigenkapitalquote Schuldentilgungsdauer Gesamtkapitaltrentabilität Cash Flow	

Bild 1: Erfolgsfördernde Elemente während der Gründungs- und Konsolidierungsphase

Eine weitere, interessante theoretische Annäherung an die Probleme im komplexen Gebilde der neugegründeten und jungen Unternehmung stellt die Chaosforschung dar, weshalb die Erkenntnisse aus diesem Bereich der Forschung sowie daraus ableitbare Empfehlungen für Gründer und Jungunternehmer zur langfristigen Sicherung ihrer Unternehmung Gegenstand im folgenden und abschließendem Kapitel sind.

4. Ausblick: Anwendbarkeit der Erkenntnisse aus der Chaosforschung auf die Unternehmungssicherung

Chaotisch erscheinende, diskontinuierliche und dynamische Entwicklungen sowie Veränderungen wirken sowohl bedrohlich als auch destruktiv und lassen die Sehnsucht nach Ordnung und Orientierung sowie den Wunsch, das Chaos zu beherrschen verständlich erscheinen. Insbesondere, da sich Ordnung schaffende Regeln für das Über- und Zusammenleben in einer Gemeinschaft seit Jahrtausenden als nützlich und unverzichtbar erwiesen haben und darüber hinaus in unserer abendländischen Kultur das Undurchsichtige und Unvorhersehbare verurteilt, Zucht und Ordnung sowie die Einhaltung der Normen und Regeln dagegen gelobt werden. Das dieses, seit frühester Kindheit angelegte und größten Teils anerzogene Grundverständnis auch Eckpfeiler unternehmerischen Handelns ist, verwundert daher nicht. Im betrieblichen Alltag wurden wie selbstverständlich Arbeits- und Betriebsordnungen, Grundsätze ordnungsgemäßer Buchführung, Kleider- und sogar Hackordnungen gebildet und mit Management werden präzise Zielformulierungen, ausgefeilte Strategien, akkurate Planungen, komplizierte Strukturen, zentrale Steuerung und strenge Kontrolle verbunden.[123] Die jüngste Vergangenheit aber zeigt, daß vermehrt Resonanzkatastrophen durch geordnetes und gleichgeschaltetes Verhalten auftreten. Zum Beispiel ein Börsenkrach, durch gleiche Computerprogramme, das Ozonloch durch weltweite Verwendung eines Treibgases oder der wirtschaftliche Zusammenbruch der zentralen Planwirtschaft. Ob zuviel Ordnung ins Chaos führt und ob es eine Ordnung im Chaos gibt, wird im Rahmen der Chaosforschung untersucht. Welcher Zusammenhang zwischen der Chaosforschung und dem Management insbesondere kleiner und junger Unternehmungen besteht, ist dagegen Thema in diesem letzten Abschnitt. Dazu werden zuerst einige Grundlagen der modernen Theorie dynamischer Systeme genannt, um daraus die Anwendbarkeit ihrer Ergebnisse auf die Unternehmungssicherung abzuleiten.

Chaostheorie ist in den letzten Jahren zu einem intensiv diskutierten, interdisziplinären Forschungsbereich geworden und hat viel öffentliche Aufmerksamkeit gewonnen.[124] Im Unterschied zu den klassischen Wissenschaften, deren Ordnungsvorstellungen die natürliche und soziale Realität

---

[123] Vgl. Krystek, U. (1993, S.23-25)
[124] Vgl. Kruse, P. (1996, S. 159)

nicht mehr beschreiben und hinreichend erklären können, klammert die Chaosforschung Störfaktoren nicht völlig aus und reduziert nicht auf Idealfälle, die in Wirklichkeit nie vorkommen. Sie nimmt zum Zweck einer klaren Abgrenzung ihres Forschungsbereiches eine Systemklassifizierung bezüglich der Strukturen (einfach, komplex) und der Zustände (stabil, instabil) vor, die nachfolgend kurz mit Beispielen erläutert wird.[125]

1. Einfaches, stabiles System:

   Zum Beispiel die fest getaktete, vollautomatisierte Fertigungsstraße. Es gilt das Prinzip des reflexhaft-automatischen Verhaltens im Sinne der reinen Steuerung.

2. Komplexes, stabiles System:

   Zum Beispiel die Fertigungsstraße, mit auf Abweichungen sensibel reagierenden Robotern hochtechnologischer Entwicklungsstufe. Es greift rationales, logisches Handeln und planvolle Optimierung mit Hilfe von Regelungsprozessen.

3. Einfaches, instabiles System:

   Zum Beispiel der freie Wettbewerb beim direkten Straßenverkauf. Die Situation kann ohne weitere Vorkenntnisse spontan gemeistert werden. Anstelle planvoller Optimierung tritt planloses, reaktives Herumprobieren, wodurch die Eigendynamik und Anpassungsfähigkeit steigt und was bei Situationen, die zwar nicht vorhersagbar aber einfach sind, nachweislich zum Erfolg führt.

4. Komplexes, instabiles System:

   Zum Beispiel die Unternehmung, stellvertretend für die dort tätigen Individuen, ist vielgestaltig, unregelmäßig, unvorhersagbar, lernfähig und natürlich. Aufgrund fehlender Daten aus der Zukunft kann sie weder exakt gesteuert noch bis ins Detail geregelt werden und angesichts der Komplexität birgt auch einfaches Herumprobieren ein zu großes Risiko.

Die Wissenschaftler beschäftigen sich im Rahmen der Chaosforschung deshalb vorrangig mit den beiden zuletzt genannten Systemen sowohl aus der Natur (Wetter, Mensch), der Ökologie (Umwelt) als auch der Ökonomie (Börse, Markt, Unternehmungen) und untersuchen deren real existierende Merkmale sowie Besonderheiten. Als entscheidend für den Umgang mit komplexen, dynamischen

---

[125] Vgl. Kruse, P. (1996, S.160)

Systemen hat sich dabei die Bestimmung der Phase in der sie sich gerade befinden herausgestellt. Dies ist Voraussetzung für die Ableitung entsprechender Handlungsstrategien. Bezogen auf die Unternehmungsführung und -sicherung bedeutet dies zum einen in stabilen Phasen klassische Managementstrategien, zur Optimierung der Arbeitsprozesse, einzusetzen und in instabilen Phasen alte Ordnungsmuster, zur Erhöhung der Anpassungsfähigkeit, aufzuweichen. Zum anderen sollte die Unternehmungsentwicklung als eine Abfolge von Veränderungsprozessen im Lebenszyklus von Unternehmungen verstanden werden, die keinesfalls einer stetigen, gleichgewichtigen Entwicklung entspricht, sondern vielmehr mit krisenhaften und zugleich chaotischen, instabilen Phasen einhergeht. Diese sind von überlebenskritischer Relevanz und bergen am Ende einer Ordnungsperiode, mit starren Strukturen, festen Regelungen und daraus folgenden Anpassungsproblemen extrem ambivalente Entwicklungsmöglichkeiten, indem sie zu höherer Risikobereitschaft zwingen und ein Maximum an Kreativität freisetzen.[126] Die Anerkennung der Koexistenz von Ordnung und Chaos als Voraussetzung für Evolution und Überlebenssicherung stellt damit eine notwendige und hinreichende Bedingung für unternehmerischen Erfolg dar. Insbesondere in neugegründeten Unternehmungen ist diese Sichtweise von großer Relevanz, da die erste Phase der Unternehmungsentwicklung durch zahlreiche krisenhafte Zustände gekennzeichnet ist und häufig als instabil und chaotisch bezeichnet wird. Fortwährende Maßnahmen zur Schaffung von Stabilität und Ordnung speziell in dieser Zeit senken die Kreativität sowie Flexibilität und lenken von möglichen Chancen und Risiken in der Umwelt der Unternehmung ab. Da das komplexe Systeme gerade einer neugegründeten Unternehmung nicht vollständig steuer-, manage- und vorhersehbar sind, tragen unter Umständen Vergleiche mit Selbststeuerungs-, -regulierungs-, und -organisationsprozessen, die auch durch die Chaosforschung untersucht werden und aus der Natur bekannt sind, zum besseren Verständnis der Zusammenhänge bei. In der Natur ist ebenfalls nichts gerade, aber alles gerade richtig, nichts starr, aber alles stabil, nichts gleich, aber alles im Gleichgewicht und nichts angeordnet, aber alles in Ordnung. Im heute vielzitierten Wandel von der Industrie- in die Dienstleistungs-, Informations- und Kommunikationsgesellschaft stellt die Akzeptanz von Ordnung und Chaos als zusammengehörende Teile eines

---

[126] Vgl. Krystek, U. (1993, S.27)

dynamischen Ganzen ein neues Denken, einen neuen Weg für den Manager und die erfolgreiche Unternehmungsführung und -entwicklung sowohl in großen als auch kleinen Unternehmungen dar.[127] Die Definition von Chaos im mechanistischen Weltbild sollte durch die im Weltbild der griechischen Antike gültige Definition ersetzt werden. Danach gilt Chaos als formlose, konfuse Masse, Urstoff aus dem Neues entsteht und Voraussetzung für die Überwindung von Erstarrung, Einleitung neuer Prozesse und Erschaffung eines neuen Gebildes, einer neuen Ordnung.[128] Führung im Chaos bedeutet dann nicht länger nur Schaffung fester Strukturen, sondern Organisation von Bewegung, Kunst des Loslassens und Anstoßens von Lernprozessen, um die Potentiale einer Unternehmung sowohl in stabilen als auch instabilen Phasen vollständig zu nutzen. Als neue Führungsgrundsätze sind folgende zu nennen: [129]

1. Wer am besten dient, verdient am besten.

2. Kontrolle ist gut, Vertrauen ist besser.

3. Kleine Schritte führen weiter als große Sprünge.

4. Führen bedeutet Segeln, nicht Bahnfahren.

5. Konzentriere Deine Kräfte auf den springenden Punkt.

6. Entscheide besser ungefähr richtig als genau falsch.

7. Führe durch Vorleben.

In (Bild 11) werden neue Elemente einer Chaos-Ordnung noch einmal zusammenfassend dargestellt. Dabei sind die Erkenntnisse der Chaosforschung nicht als Lösung für alle aktuellen Organisations- und Führungsprobleme zu sehen. Sie kann zwar neue Ideen deutlicher als bekannte Modelle beschreiben, zu betriebswirtschaftlichen Themen aber nur einen zusätzlichen Beitrag leisten und eine Erklärungshilfe auf dem Weg zu einem Paradigmenwechsel in der Betriebswirtschaftslehre bilden.[130]

Chaos - Ordnung
Unternehmung als Organismus: Der Glaube an den Menschen dominiert, er zählt als schöpferischer, lebendiger Teil zum größten Vermögen der Unternehmung.
Eine Vision schafft Begeisterung und macht Ernst mit dem Spaß an der Arbeit.

---

[127] Vgl. Fuchs, J. (1993, S. 16-17)
[128] Vgl. Krystek, U. (1993, S.23-25)
[129] Vgl. Weigle, G. (1993, S.21)
[130] Vgl. Krystek, U. (1993, S.27)

Praktische Vernunft sowie gesunder Menschenverstand haben Vorrang vor Zahlen und Systemen.
Vereinbarung von Spielregeln und Aufgaben für bestimmte Initiativfelder. Selbstorganisation und -kontrolle sorgt über Feed-Back-Prozesse für ein dynamisches Verantwortungssystem.
Kommunikation ist lebendig und übergreifend. Gemeinsam entwickelte Informationssysteme bringen Transparenz, Klarheit und Wahrheit. Alle gehen von denselben Daten aus.
System vereinbarter, individueller Verantwortlichkeit: Vertrauen schafft Vertrauen, jeder erfüllt eigenverantwortlich komplexe Aufgaben und hat großen Entscheidungsspielraum.
Fehler lösen produktive Lernprozesse aus, lebenslanges Lernen fördert das Prinzip von Versuch und Irrtum und den Fortschritt.
Karriere ist Werdegang, nicht Laufbahn und hat gemacht, wer gefragt, wem vertraut wird, wer viel zu sagen weiß, nicht viel zu sagen hat.
Zufall und Ungewißheit werden als Chance gesehen.
Der Weg zum Kunden ist das Ziel. Alles für den Kunden – nichts ist unmöglich!

Bild 11: Ausgewählte Merkmale von Chaosordnung[131]

Gerade am Übergang zum zweiten Jahrtausend und in vielerlei Hinsicht dem Ende eines alten und Beginn eines neuen Zeitalters, ist jeder einzelne Unternehmer selbst für seinen Beitrag zum dynamischen Zukunftsspiel, sowohl in der Familie, der Berufswelt und der Gesellschaft als auch in der Weltgemeinschaft verantwortlich. Er muß in der Lage sein, unternehmungsrelevante Aspekte zu erkennen und zu nutzen sowie unwichtige Bereiche auszublenden, auch wenn nicht immer eindeutig klar ist wohin der Weg führt, denn Ziele finden sich beim Laufen und das Resultat an sich ist weniger bedeutsam als der Weg dorthin.[132]

---

[131] Vgl. Weigle, G. (1993, S.22)
[132] Vgl. Weigle, G. (1993, S.22)

Literatur- und Quellenverzeichnis

Achermann, S.M. (1999): Weiterbildung in KMU: Zur Diskrepanz zwischen der Bedeutung von Weiterbildung und ihrer Handhabung in der Praxis, in: io management, Heft 1/2, S.60-63, 1999

Albach, H. (1994): Unternehmungsgründungen in Deutschland: Potentiale und Lücken, Diskussion Paper FS IV 98-1, Wissenschaftszentrum Berlin für Sozialforschung gGmbH, 1998

Ansoff, H.I. (1966): Management-Strategie, München: Verlag Moderne Industrie, 1966

Arnold, J. (1997): Existenzgründung: Von der Idee zum Erfolg, Würzburg: Max Schimmel Verlag, 1997

Becker, F.G. (1994): Lexikon des Personalmanagements, München: Deutscher Taschenbuch Verlag, 1994

Bertels, T. (1996 a): Strukturmerkmale der Lernenden Organisation: Das Organisationsmodell der Zukunft, in: Gablers Magazin, Heft 11/12, S.53-55, 1996

Bertels, T. (1996 b): Die lernende Organisation: Management im Wissenszeitalter, in: Gablers Magazin, Heft 10, S.36-38, 1996

Bleicher, K. (1992): Das Konzept Integriertes Management, Frankfurt/Main; New York: Campus Verlag, 1992

Bundesministerium für Bildung und Forschung (Hrsg.) (07/1999): Innovationsförderung: Hilfen für Forschung und Entwicklung, Blumberg: Roto Stalling, 1999

Bundesministerium für Wirtschaft und Technologie (Hrsg.) (09/1998): Starthilfe: Der erfolgreiche Weg in die Selbständigkeit, Wittingen: Neef + Stumme, 1998

Bundesministerium für Wirtschaft und Technologie (Hrsg.) (07/1999): ERP: Wirtschaftsförderung für den Mittelstand, Dillingen/Saar: Krüger Druck+Verlag, 1999

Bundesministerium für Wirtschaft und Technologie (Hrsg.) (09/1999): Wirtschaftliche Förderung: Hilfen für Investitionen und Innovationen, Magdeburg: Garloff, 1999

Bundesministerium für Wirtschaft und Technologie (Hrsg.) (01/2000): Junge Unternehmen: Probleme und Lösungen bei der Existenzfestigung, Nürnberg: Grafische Betriebe F. Willmy GmbH, 2000

Buzzell, R.D.; Gale, B.T. (1989): Das PIMS-Programm: Strategien und Unternehmenserfolg, Wiesbaden: Gabler, 1989

Clemens, R.; Kokalj, L.; Hauser, H.-E. (1995): Bürokratie: ein Kostenfaktor: eine Belastungsuntersuchung bei mittelständischen Unternehmen, Schriften zur Mittelstandsforschung, Nr.66 NF, Stuttgart: Schäffer-Poeschel, 1995

Deutsche Ausgleichsbank (Hrsg.) (10/98): Existenzsicherung: Herausforderungen, Probleme und Lösungen auf dem Weg zum Unternehmenserfolg, Bonn, 1998

Deutsche Ausgleichsbank (Hrsg.) (06/99): Personal: Die wichtigsten Fragen und Antworten rund ums Personal für Jungunternehmer, Bonn, 1999

Frank, H.; Korunka, Ch.; Lueger, M. (1999): Konfigurationsanalyse von Unternehmungsgründungen: Hemmende und fördernde Faktoren beim Gründen von Unternehmen, in: BFuP, Heft 3, S.256-271, 1999

Frese, E. (1992): Mehrdimensionale Organisationsstrukturen, in: Frese, E. (Hrsg.), Handwörterbuch der Organisation, Sp.1670-1688, Stuttgart: Poeschel, 1992

Fröhlich, E.; Pichler, J.H. (1988): Werte und Typen mittelständischer Unternehmer, Berlin: Duncker & Humblot, 1988

Fuchs, J. (1993): Chaos als Ordnungsprinzip: Wie Unternehmen leben lernen, in: Gablers Magazin, Heft 6/7, S.16-19, 1993

Gerum, E. (1992): Unternehmungsverfassung, in: Frese, E. (Hrsg.), Handwörterbuch der Organisation, Sp.2480-2502, Stuttgart: Poeschel, 1992

Gläser, J.; Institut für Mittelstandsökonomie Trier; Institut für Mittelstandsforschung Bonn (1998): Erfolgsfaktor Qualifikation: unternehmerische Aus- und Weiterbildung in Deutschland, Gutachten im Auftrag des Bundesministeriums für Wirtschaft, Münster: Lit-Verlag, 1998 sowie im Internet unter: http://www.bmwi.de/infomaterial/existenzgruendung/veroeffentlichungen.html

Götzinger, P. (1995): Kapitalmaßnahmen für innovative Unternehmen, in: Richter, H.-J. (Hrsg.), Rostocker Hefte zur Unternehmungsführung, S.74-78, 1995

Güldenberg, S.; Eschenbach, R. (1996): Organisatorisches Wissen und Lernen: erste Ergebnisse einer qualitativ-empirischen Erhebung, in: zfo, Heft 1, S.4-9, 1996

Heil, H.A. (03/1999): Erfolgsfaktoren von Wachstumsführern: Kurzfassung einer DTA-Studie zu den Entwicklungspfaden junger Unternehmen, in: Deutsche Ausgleichsbank (Hrsg.), Wissenschaftliche Reihe, Band 11, S.5-13, Bonn, 1999

Helfrecht, M. (1995): Kein Patentrezept, aber Wege und Möglichkeiten: Erfolg ist selbstgemacht, in: Gablers Magazin, Heft 6/7, S.68-69, 1995

Herzog, M. (1996): Determinanten des unternehmerischen Erfolgs in den neuen Bundesländern: eine empirische Untersuchung mittelständischer Industrieunternehmen in Sachsen, Sachsen-Anhalt und Thüringen, Frankfurt am Main; Berlin; Bern; New York; Paris; Wien: Lang, 1996

Hill, H. (1994): Die lernende Organisation: Innovation durch Lernen, in: Gablers Magazin, Heft11/12, S.40-43, 1994

Höhler, G. (1993): Kommunikation ist Vertrauenspflege: Interne Kommunikation als Führungsinstrument, in: Gablers Magazin, Heft 6/7, S.38-41, 1993

Hüfner, P.; May-Strobl, E.; Paulini, M. (1992): Mittelstand und Mittelstandspolitik in den neuen Bundesländern: Unternehmensgründungen, Schriften zur Mittelstandsforschung, Nr.45 NF, Bonn; Stuttgart: Poeschel, 1992

Institut für Mittelstandsforschung: Clemens, R.; Günterberg, B.; Hauser, H.E. (07/1997): Unternehmensgrößenstatistik 1997/98: Daten und Fakten, Studie 96/97 im Internet unter:
http://www.bmwi.de/infomaterial/existenzgruendung/veroeffentlichungen.html

Kemter, P.; Klose, H.-E.; McKenzie, G. (1999): Persönlichkeitsfaktoren und Erfolg in klein- und mittelständischen Unternehmen, in: Rosenstiel, L.; Lang-von Wins, T. (Hrsg.), Existenzgründung und Unternehmertum: Themen, Trends und Perspektiven, S.196-207, Stuttgart: Schäffer-Poeschel, 1999

Kirschbaum, G. (1990): Unternehmerpersönlichkeit: Gründungsmotivation, in: Syperski, N.; Roth, P. (Hrsg.), Entrepreneurship: innovative Unternehmensgründung als Aufgabe, S.79-87, Stuttgart: Poeschel, 1990

Kirst, U. (1996): Rahmenbedingungen für die Gründung Ihres Unternehmens: Sie selbst und Ihre Ziele, in: Kirst, U. (Hrsg.), Selbständig mit Erfolg: von der Gründeridee zum eigenen Unternehmenskonzept, S.11-39, Köln: Deutscher Wirtschaftsdienst, 1996

Krallmann, H. (1987): Betriebliche Entscheidungsunterstützungssysteme, in: zfo, Heft 56, S.109-117, 1987

Kreikebaum, H.; Grimm, U. (1983): Die Analyse strategischer Erfolgsfaktoren und ihre Bedeutung für die strategische Planung, in: WiSt, Heft 1, S.6-12, 1983

Kruse, P. (1996): Erkenntnisse von Chaos- und Selbstorganisationstheorie für das Management betrieblicher Veränderungsprozesse, in: Schwiering, D. (Hrsg.), Mittelständische Unternehmensführung im kulturellen Wandel, S.157-179, Stuttgart: Schäffer-Poeschel, 1996

Krüger, W. (1989): Hier irrten Peters und Waterman: Ein Bestseller wird entzaubert, in: Harvard Manager, Heft 1, S.13-18, 1989

Krystek, U. (1993): Unternehmenssicherung zwischen Chaos und Ordnung: Chaos und Ordnung im Wechselspiel, in: Gablers Magazin, Heft 6/7, S.23-27, 1993

Krystek, U.; Müller-Stewens, G. (1993): Frühaufklärung für Unternehmen: Identifikation und Handhabung zukünftiger Chancen und Bedrohungen, Stuttgart: Schäffer-Poeschel, 1993

Lagemann, B.; Löbbe, K. (1999): Kleine und mittlere Unternehmen im sektoralen Strukturwandel: Untersuchungen des Rheinisch-Westfälischen Instituts für Wirtschaftsforschung, Heft 27, Essen: RWI, 1999

Lott, U.; Gramke, V. (1999): Erfolgsfaktor Interaktion: Grundlage einer hohen Dienstleistungsmentalität: Nur ein System aller Interaktionsbeziehungen hilft, Kundenanforderungen zu genügen, in: io management, Heft 1/2, S.64-67, 1999

May-Strobl, E.; Paulini, M. (1994): Die Entwicklungen junger Unternehmen in den neuen Bundesländern, Schriften zur Mittelstandsforschung, Nr.62 NF, Stuttgart: Schäffer-Poeschel, 1994

Meyer, J.-A. (1998): Erfolgs- und Mißerfolgsfaktoren junger Unternehmen, in: Richter, H.-J. (Hrsg.), Rostocker Hefte zur Unternehmungsführung, Schwerin: delego Wirtschaftsverlag Detlev Lüth, S.53-66, 1998

Mugler, J. (1995): Betriebswirtschaftslehre der Klein- und Mittelbetriebe, Wien; New York: Springer, 1995

Müller-Stewens, G. (1992): Strategie und Organisationsstruktur, in: Frese, E. (Hrsg.), Handwörterbuch der Organisation, Sp.2344-2355, Stuttgart: Poeschel, 1992

Nagel, K. (1994): Weiterbildung als strategischer Erfolgsfaktor: Der Weg zum unternehmerisch mitdenkenden Mitarbeiter, Landsberg/Lech: Verlag Moderne Industrie, 1994

Neubauer, F.-F. (1989): PIMS (Profit Impact of Market Strategies), in: Syperski, N. (Hrsg.), Handwörterbuch der Planung, Sp.1363-1370, Stuttgart: Poeschel, 1989

Ortega, I. (06.05.2000): Bewertung der Leistungsfähigkeit (Produktivität), im Internet unter: ftp://vigna.cimsi.ch/chenaps/wp3/bericht/doc sowie PIMS: Summary, Procedure, Conclusions and Literature unter: http://www.chenaps.ch/handbook/pims.htm, 2000

Patt, P.-J. (1988): Strategische Erfolgsfaktoren im Einzelhandel, Frankfurt/Main; Bern; New York: Lang, 1988

Peters, T.J.; Waterman, R.H. (1984): Auf der Suche nach Spitzenleistungen. Was man von den bestgeführten US-Unternehmen lernen kann, Landsberg/Lech: Moderne Industrie, 1984

PIMS Associates (19.06.2000): The PIMS Database, im Internet unter: http://www.thespinet.org/pims-db.html, 2000

Pleitner, H. J.; Mugler, J. (Hrsg.) (1995): Klein- und Mittelunternehmen in einer dynamischen Wirtschaft: ausgewählte Schriften, Berlin, München, St. Gallen: Duncker & Humblot, 1995

Pleschak, F.; Kulicke, M.; Stummer, F. (09/1998): Beteiligungsfinanzierung in Technologie-Unternehmen der neuen Bundesländer: Kurzfassung einer Studie des Frauenhofer Instituts für Systemtechnik und Innovationsforschung im Auftrag der Technologie-Beteiligungs-Gesellschaft mbH der Deutschen Ausgleichsbank, in: Deutsche Ausgleichsbank, Wissenschaftliche Reihe, Band 9, S.5-10, 1998

Porter, M.E. (1999): Wettbewerbsstrategie: Methoden zur Analyse von Branchen und Konkurrenten, Frankfurt/Main: Campus-Verlag, 1999

Pümpin, C. (1990): Das Dynamik-Prinzip. Zukunftsorientierungen für Unternehmer und Manager, Düsseldorf; Wien; New York: ECON Verlag, 1990

Pümpin, C.; Prange, J. (1991): Management der Unternehmensentwicklung: Phasengerechte Führung und der Umgang mit Krisen, Frankfurt/Main; New York: Campus Verlag, 1991

Pümpin, C. (1992): Strategische Erfolgspositionen: Methodik der dynamischen strategischen Unternehmensführung, Bern; Stuttgart: Haupt, 1992

Pümpin, C. (06.05.2000): Erfolgsfaktoren für den Übergang in das 21. Jahrhundert, im Internet unter: http://www1.treuhaender.ch/09-97/Kolumne/02dpmpin/02dpmpin.html, 2000

Rehkugler, H. (1989): Erfolgsfaktoren mittelständischer Unternehmen, in: WISU, Heft 11, S.626-632, 1989

Richter, H.-J. (1996): Management im Umbruch, in: Richter, H.-J. (Hrsg.), Rostocker Hefte zur Unternehmungsführung, S.23-30, 1996

Richter, H.-J. (1997): Wagnis Mittelstand: Herausforderung an das Management, in: Mittelstandsreport, Heft 6, S.10-12, 1997

Richter, H.-J. (1998): Vorlesungsskript zur Planung und Kontrolle, in: Vorlesungsreihe der Speziellen Betriebswirtschaftslehre Unternehmungsführung Teil I, unveröffentlichtes Skript, Rostock, 1998

Richter, H.-J. (1998): Vorlesung zur Mittelstandsökonomie, in: Vorlesungsreihe der Speziellen Betriebswirtschaftslehre Unternehmungsführung Teil II, unveröffentlichtes Skript, Rostock, 1998

Ripsas, S. (1997): Entrepreneurship als ökonomischer Prozeß: Perspektiven zur Förderung unternehmerischen Handelns, Wiesbaden: Deutscher Universitätsverlag; Wiesbaden: Gabler, 1997

Frick, S.; Lagemann, B.; Rosenbladt, B. von (1998): Möglichkeiten zur Verbesserung des Umfeldes für Existenzgründer und Selbständige: Wege zu einer neuen Kultur der Selbständigkeit: Untersuchung des Rheinisch-Westfälischen Instituts für Wirtschaftsforschung, Heft 25, Essen: RWI, 1998

Rüttler, M. (1991): Information als strategischer Erfolgsfaktor: Konzepte und Leitlinien für eine informationsorientierte Unternehmensführung, Berlin: Erich Schmidt, 1991

Sattelberger, T. (1993): Unternehmungsentwicklung als Lernprozeß: Die lernende Organisation wagen, in: Gablers Magazin, Heft 10, S.12-17, 1993

Schenk, R. (1998): Beurteilung des Unternehmenserfolges, in: Frese, M. (Hrsg.), Erfolgreiche Unternehmensgründer: psychologische Analysen und praktische Anleitungen für Unternehmer in Ost- und Westdeutschland, S.59-82, Göttingen; Bern; Toronto; Seattle: Verlag für Angewandte Psychologie, 1998

Seidel, U. (1997): Wirtschaftspolitische Aspekte des Mittelstandes, in: Richter, H.-J. (Hrsg.), Rostocker Hefte zur Unternehmungsführung, S.147-150, 1997

Schmidt, A.; Freund, W. (1989): Strategien zur Sicherung der Existenz kleiner und mittlerer Unternehmen, Schriften zur Mittelstandsforschung, Nr.30 NF, Stuttgart: Poeschel, 1989

Schreyögg, G. (1992): Organisationskultur, in: Frese, E. (Hrsg.), Handwörterbuch der Organisation, Sp.1525-1537, Stuttgart: Poeschel, 1992

Seibert, S. (1987): Strategische Erfolgsfaktoren in mittleren Unternehmen: untersucht am Beispiel der Fördertechnikindustrie, Frankfurt/Main; Bern; New York: Lang, 1987

Simon, H. (1996): Erfolgsstrategien unbekannter Weltmarktführer: Ergebnisse einer empirischen Untersuchung, in: Aus Politik und Zeitgeschichte, Beilage 23 zur Wochenzeitung Das Parlament, S.3-13, 31.Mai 1996

Skambracks, D. (05/1999): Gründungsbremse Bürokratie: Kurzfassung einer empirischen Studie auf Basis des DtA-Gründerpanels, in: Deutsche Ausgleichsbank (Hrsg.), Wissenschaftliche Reihe, Band 13, S.5-11, Bonn, 1999

Staehle, W.H.; Sydow J. (1987): Führungsstiltheorien, in: Kieser, A. (Hrsg.), Handwörterbuch der Führung, Sp.661-671, Stuttgart: Poeschel, 1987

Steinle, C. (1987): Führungskonzepte und ihre Implementation, in: Kieser, A. (Hrsg.), Handwörterbuch der Führung, Sp.576-590, Stuttgart: Poeschel, 1987

Steinle, C. (1996): Erfolgsfaktoren und ihre Gestaltung in der betrieblichen Praxis: Empirische Ergebnisse und Handlungsempfehlungen, in: Aus Politik und Zeitgeschichte, Beilage 23 zur Wochenzeitung Das Parlament, S.14-23, 31.Mai 1996

Sternberg, R.; Tamasy, C. (1999): Erfolgsfaktoren junger innovativer Unternehmen unter besonderer Berücksichtigung von Interorganisationsbeziehungen, in: Fuchs, G.; Krauss, G.; Wolf, H.-G. (Hrsg.), Die Bindungen der Globalisierung: Interorganisationsbeziehungen im regionalen und globalen Wirtschaftsraum, S.255-284, Marburg: Metropolis-Verlag, 1999

Struck, J. (02/1999): Quo Vadis Gründungsstatistik?: Kurzfassung eines Beitrags zu Stand und Entwicklungschancen einer Gründungsstatistik in der Bundesrepublik Deutschland, in: Deutsche Ausgleichsbank (Hrsg.), Wissenschaftliche Reihe, Band 10, S.5-13, Bonn, 1999

Theile, K. (1996): Ganzheitliches Management: ein Konzept für Klein- und Mittelunternehmen, Bern: Haupt, 1996

Walz, H:; Bertels, T. (1995): Das intelligente Unternehmen: schneller lernen als der Wettbewerb, Landsberg/Lech: Verlag Moderne Industrie, 1995

Weigle, G. (1993): Chaos statt Bürokratisierung: Führen im Chaos, in: Gablers Magazin, Heft 6/7, S.20-22, 1993

Wittstock, M. (1987): Die Auswirkungen neuer Informations- und Kommunikationstechnologien auf mittelständische Unternehmen, Stuttgart: Poeschel, 1987

Zahn, E. (1989): Strategische Planung, in: Syperski, N. (Hrsg.), Handwörterbuch der Planung, Sp.1903-1916, Stuttgart: Poeschel, 1989

Zahn, E. (1991): Innovation und Wettbewerb, in: Müller-Böling, D.; Seibt, D.; Winand, U. (Hrsg.), Innovations- und Technologiemanagement, S.115-133, Stuttgart: Poeschel, 1991

Zanger, C. (1999): Marketing als Erfolgsfaktor für innovationsorientierte Unternehmungsgründungen, in: Sabisch, H., Management technologieorientierter Unternehmungsgründungen, S. 97-108, Stuttgart: Schäffer-Poeschel, 1999